CLASSE 14

Médecine et chirurgie. — Médecine vétérinaire et comparée

RAPPORT DE M. PAUL BERGER

MINISTÈRE DU COMMERCE, DE L'INDUSTRIE
ET DES COLONIES

EXPOSITION UNIVERSELLE INTERNATIONALE DE 1889
À PARIS

RAPPORTS DU JURY INTERNATIONAL

PUBLIÉS SOUS LA DIRECTION

DE

M. ALFRED PICARD

INSPECTEUR GÉNÉRAL DES PONTS ET CHAUSSÉES, PRÉSIDENT DE SECTION AU CONSEIL D'ÉTAT

RAPPORTEUR GÉNÉRAL

CLASSE 14. — **Médecine et chirurgie.** — **Médecine vétérinaire et comparée**

RAPPORT DE M. PAUL BERGER

PROFESSEUR AGRÉGÉ À LA FACULTÉ DE MÉDECINE

CHIRURGIEN DES HÔPITAUX

PARIS

IMPRIMERIE NATIONALE

M DCCC XCI

MINISTÈRE DU COMMERCE, DE L'INDUSTRIE

ET DES COLONIES

EXPOSITION UNIVERSELLE INTERNATIONALE DE 1889

À PARIS

RAPPORTS DU JURY INTERNATIONAL

PUBLIÉS SOUS LA DIRECTION

DE

M. ALFRED PICARD

INSPECTEUR GÉNÉRAL DES PONTS ET CHAUSSÉES, PRÉSIDENT DE SECTION AU CONSEIL D'ÉTAT

RAPPORTEUR GÉNÉRAL

CLASSE 14. — **Médecine et chirurgie.** — **Médecine vétérinaire et comparée**

RAPPORT DE M. PAUL BERGER

PROFESSEUR AGRÉGÉ À LA FACULTÉ DE MÉDECINE

CHIRURGIEN DES HÔPITAUX

PARIS

IMPRIMERIE NATIONALE

M DCCC XCI

[illegible]

[illegible]

[illegible]

[illegible]

[illegible]

[illegible]

[illegible]

[illegible]

PARIS

[illegible]

[illegible]

COMPOSITION DU JURY.

MM. Verneuil (le docteur), *Président*, membre de l'Institut et de l'Académie de médecine, professeur à la Faculté de médecine, chirurgien des hôpitaux . . . . France.

Borlée (le docteur), *Vice-Président*, membre de l'Académie royale de médecine, professeur émérite de l'Université de Liège . . . . Belgique.

Berger (le docteur Paul), *Secrétaire-Rapporteur*, professeur agrégé de la Faculté de médecine, chirurgien des hôpitaux. . . . . France.

Reverdin (le docteur Auguste), professeur de clinique chirurgicale à la Faculté de médecine de Genève. . . . . Suisse.

Badin, docteur-médecin, orthopédiste à Toulouse. France.

Collin (A.-P.) [de la maison Charrière], fabricant d'instruments de chirurgie, grand prix à l'Exposition de Paris en 1878. . . . . France.

Magitot (le docteur E.), membre de l'Académie de médecine. . . . . France.

Nocard, directeur de l'École vétérinaire d'Alfort, membre de l'Académie de médecine. . . . . France.

Trélat (le docteur Ulysse), membre de l'Académie de médecine, professeur à la Faculté de médecine, chirurgien des hôpitaux, membre du jury des récompenses à l'Exposition de Paris en 1878 . . . . France.

David (le docteur), *suppléant*, ancien directeur de l'École dentaire de Paris, dentiste. . . . . France.

MÉDECINE ET CHIRURGIE.
MÉDECINE VÉTÉRINAIRE ET COMPARÉE.

Le jury de la classe 14 avait à examiner les expositions de 256 exposants appartenant presque tous à cette classe, dont quelques-uns, cependant, exposants dans d'autres classes et d'autres groupes, ont demandé que leurs produits fussent soumis à l'examen de la classe 14.

Ces 256 exposants étaient distribués de la manière suivante :

153 d'entre eux appartenaient à la section française : de ce nombre 136 avaient leur exposition dans la salle affectée à la classe 14 au Palais des arts libéraux et dans la partie attenante du vestibule; les exposants d'appareils de bains et d'hydrothérapie, au nombre de 10, étaient placés dans un pavillon spécial construit par les soins de l'administration sur la berge du quai d'Orsay; à l'exposition ouvrière de la Ville de Paris se trouvaient 4 exposants que nous avons eu à examiner. Enfin 3 exposants ont été visités par nous dans d'autres classes, les classes 62 et 64, dont ils faisaient partie.

Les exposants appartenant aux sections étrangères se répartissaient entre les différents pays dans les proportions que voici :

	Exposants.
Autriche-Hongrie	3
Belgique	31
Grande-Bretagne	8
Brésil	4
Chili	2
Espagne	11
États-Unis	12
Grèce	4
Hollande	2
Japon	1
Principauté de Monaco	1
Roumanie	1
Russie	4
Suisse	10
TOTAL	94

C'est à ce chiffre du moins qu'a été arrêtée la liste des exposants examinés par le jury au moment où il a dû communiquer le résultat de ses opérations au jury du groupe II, mais depuis lors, sur la demande de M. le directeur général de l'exploitation, le bureau a dû prendre en considération la demande de quelques exposants étrangers qui ne figuraient pas au catalogue, en raison de retards apportés à leur installation, d'omissions ou de quelque autre cause indépendante de leur volonté.

IMPRIMERIE NATIONALE.

Parmi les exposants de la classe 14, neuf se trouvaient hors concours comme membres du jury international des récompenses. Voici les noms de ces exposants :

MM. Collin, Badin, Auguste Reverdin, Galante, Nachet, Piet, Roullier et Arnoult, Rousseau, Wickham.

Les trois premiers, MM. Collin, Badin et Reverdin, seuls faisaient partie du jury de la classe 14, les deux premiers pour la France, le dernier pour la Suisse, et se trouvaient hors concours pour ce fait. Les six autres exposants, MM. Galante, Nachet, Piet, Roullier et Arnoult, Rousseau et Wickham, étaient hors concours comme appartenant au jury pour d'autres classes et d'autres groupes. Quoique le jury n'ait pas eu à proposer de récompenses pour ces exposants, il avait néanmoins le devoir de visiter leurs expositions, de rechercher la valeur de leurs produits, et de rendre compte au rapport des résultats de cet examen.

Le travail de classement auquel a dû présider le jury a été rendu particulièrement difficile et compliqué, par l'extrême diversité des produits exposés dans la classe 14, diversité dont l'énumération figurant au catalogue général de l'Exposition, au titre du groupe II, classe 14, donne une idée. Pour arriver à une répartition équitable des récompenses, il fallait en effet grouper les expositions de produits similaires en un certain nombre de catégories, et chercher entre ces différentes sortes de produits une commune mesure permettant d'établir entre eux un terme de comparaison et d'apprécier leur valeur relative. Le jury a donc dû tenir compte non seulement de la qualité des produits exposés, de l'importance et de l'ancienneté de l'établissement qui les exposait, des récompenses que celui-ci pouvait avoir obtenues aux expositions précédentes et des améliorations qu'il avait introduites depuis lors dans sa fabrication, mais de l'utilité plus ou moins grande que chaque produit et chaque industrie présentaient au point de vue de ses applications à la pratique et aux sciences médicales. C'est ainsi que nous avons dû répartir les exposants en un certain nombre de sous-classes correspondant aux principales variétés de produits exposés et dont voici la liste :

1. Instruments de chirurgie;
2. Appareils orthopédiques; prothèse, membres artificiels;
3. Bandages herniaires;
4. Tissus élastiques;
5. Articles de caoutchouc;
6. Articles en gomme, sondes, bougies;
7. Appareils de laboratoire et d'études scientifiques, appareils à désinfection, stérilisateurs, étuves, autoclaves;
8. Produits antiseptiques et matières à pansements;
9. Matériel de vaccination et instituts vaccinaux;
10. Électricité médicale;
11. Art et prothèse dentaires;
12. Fournitures pour dentistes;
13. Prothèse oculaire;
14. Instruments d'oculistique; instruments de précision, microscopes;
15. Gymnastique médicale;
16. Appareils de bains et d'hydrothérapie;
17. Couveuses, biberons, lits et fauteuils de malades, accessoires du service médical; instruments et appareils divers destinés aux malades;
18. Préparations et pièces naturelles ou artificielles destinées à l'étude de l'anatomie et de la pathologie; dessins.

J'ajoute qu'un bon nombre d'exposants ne limitent pas leur production aux matières comprises dans une seule de ces catégories. C'est ainsi que souvent la même maison fabrique les instruments de chirurgie, les appareils orthopédiques, les membres artificiels, les bandages herniaires.

Certains fabricants d'objets en caoutchouc pour malades confectionnent également les appareils de gomme, les sondes, les bougies, etc.

Dans l'examen que nous allons faire des diverses branches de l'industrie qui concernent la médecine, nous aurons donc à revenir parfois sur les mêmes noms, mentionnant à plusieurs reprises les mêmes exposants à propos de chacune de ces branches où ils se seront signalés par quelque progrès.

Dans l'énumération qui vient d'être faite des diverses sortes de produits que renfermait la classe 14, ne se trouvent pas mentionnés les produits concernant l'art vétérinaire. Ceux-ci devaient être compris dans la classe de médecine et chirurgie, et ils y figuraient encore dans le catalogue général officiel.

Mais sur l'observation présentée simultanément par les exposants de cette sorte de produits et par les comités d'admission des classes constituant l'exposition d'agriculture, l'administration a consenti à séparer de l'exposition de la classe 14 tout ce qui concernait l'art vétérinaire pour le rattacher à la classe 74; nous n'avons retenu de cet ordre de produits et d'industrie que la fabrication des instruments de chirurgie vétérinaire, laquelle se rapproche à trop d'égards de la fabrication des instruments de chirurgie pour pouvoir en être séparée sans inconvénients.

Nous avons dû renvoyer à l'examen du jury dans d'autres classes certaines matières qui ne nous ont pas paru être à leur place dans notre exposition et que le jury de la classe 14 n'avait pas qualité pour juger.

Nous devons mentionner ici d'une manière toute particulière l'ÉCOLE DENTAIRE de Paris, que nous avons eu le regret de ne pouvoir proposer pour une récompense à laquelle lui eût donné droit son exposition d'ailleurs très intéressante. L'exposition de l'École dentaire comprenait trois parties principales : 1° l'exposition de ses locaux d'enseignement et de son matériel scolaire; 2° celle de son programme d'enseignement; 3° enfin les résultats de cet enseignement, c'est-à-dire les travaux de ses élèves, leurs publications, les améliorations apportées par eux à la technique et à l'instrumentation. Cette indication sommaire suffit à faire reconnaître que ces matières relevaient d'une autre classe que la nôtre, et que l'École dentaire de Paris devait être jugée avec les établissements d'enseignement technique ou professionnel. Nous avons donc renvoyé son exposition à l'examen du jury de la classe (6-7-8), dont elle eût dû faire partie.

Au cours de ses travaux, le comité d'admission de la classe 14 avait toujours refusé d'examiner et d'admettre les ouvrages imprimés ou manuscrits et les publications concernant les sciences médicales, ouvrages qui, d'après le programme officiel, n'étaient pas compris parmi les matières pouvant être exposées à la classe 14. S'il en eût été autrement, notre exposition eût dû recevoir tout ce que la librairie médicale a produit d'important depuis 1878 jusqu'à l'année présente, ce qui eût constitué une confusion regrettable d'attributions entre la classe 14 et la classe 9. La jurisprudence établie par le comité d'admission devait tracer la ligne de conduite du jury. Aussi, lorsqu'on vint le consulter officieusement pour savoir si d'importants ouvrages, exposés à la classe 9, pourraient être soumis à son examen, dut-il, bien qu'à regret, décliner toute compétence. Il s'agissait du *Dictionnaire encyclopédique des sciences médicales,* entreprise absolument unique dans la librairie médicale par sa conception vraiment grandiose, la célérité, l'exactitude, le soin minutieux et l'esprit vraiment scientifique qui ont présidé à son exécution. Le jury de la classe 14, en décernant à cette œuvre la récompense la plus élevée, eût été heureux de donner un respectueux hommage à la mémoire de l'éminent et regretté Dechambre et de marquer toute son estime pour son digne successeur, M. le docteur Lereboullet, pour ses collaborateurs zélés et pour M. Georges Masson, le sympathique éditeur, qui avaient su mener à bien cette œuvre colossale.

Mais il a paru au jury qu'indépendamment de l'empiètement qu'un jugement semblable constituerait à l'égard des attributions de la classe 9, il n'avait pas qualité pour connaître des questions d'enseignement et de doctrine, pour apprécier la valeur scientifique d'un ouvrage, ce qui suppose une lecture attentive et une étude approfondie, et qu'institué pour examiner et pour juger les améliorations et les progrès réalisés dans le domaine de la médecine et de la chirurgie par l'art et par l'industrie, il devait strictement limiter ses opérations aux matières qui avaient été déférées à son examen.

C'est également la ligne de conduite qu'il a dû suivre à l'égard d'exposants étrangers, belges et américains, dont la participation à l'exposition de la classe 14 nous flatte et nous honore au plus haut point, en même temps qu'elle est pour nous un témoignage de sympathie auquel nous avons été fort sensibles. Les commissions étrangères, chargées de régler l'admission de leurs nationaux à l'Exposition universelle de 1889, n'ayant aucune espèce de rapport avec les comités d'admission français, n'ont pas toujours suivi dans leurs opérations les règles que nous nous étions tracées. De là vient que, dans la section belge et dans celle des États-Unis, un certain nombre d'ouvrages médicaux, de publications, de journaux, de collections ont été compris à tort, suivant nous, parmi les objets exposés à la classe 14. Nous eussions pu déférer au jury de la classe 9 l'examen de ces ouvrages; nous eussions également pu les renvoyer à la classe 8 (enseignement supérieur); nous avons craint, en les soumettant au jugement de ces jurys, formés d'hommes qui, malgré leur haute valeur intellectuelle, étaient presque tous étrangers aux questions médicales, que ces œuvres ne fussent pas appréciées selon leurs mérites, et nous avons préféré les conserver dans notre classe, qui est fière de compter parmi ses exposants des hommes comme MM. Soupart, Crocq, van den Corput, Wasseige, Kuborn, etc.

Nous ne proposons donc pas de récompenses pour ces auteurs et pour leurs ouvrages, mais on nous permettra de mentionner très sommairement quelques-uns des travaux qui, grâce à ce précieux concours, figurent à notre exposition.

M. le sénateur Soupart, professeur émérite de l'Université de Gand, nous a d'abord envoyé une série de moulages de membres sur lesquels sont figurés, pour l'enseignement, les tracés des amputations pratiquées par sa méthode elliptique. Nous connaissons tous et nous apprécions à leur juste valeur ces procédés que M. Soupart développe dans un traité qu'il a joint à son exposition sous le titre de : *Nouveaux modes et procédés pour l'amputation des membres.* Non seulement ils s'ajoutent aux ressources que la médecine opératoire sait multiplier en variant la forme et la direction des incisions, suivant la nature des cas particuliers, pour une même opération, mais ils comptent parmi les meilleurs modes d'incisions par leur régularité d'exécution et l'élégance du résultat. M. le professeur Soupart expose d'ailleurs un certain nombre d'autres travaux de médecine opératoire et de thérapeutique chirurgicale sur l'importance desquels nous n'avons pas à insister : citons ses mémoires sur la *Désarticulation scapulo-humérale suivie de l'ablation de l'omoplate;* sur le moyen d'obvier aux accidents qui peuvent survenir après les opérations, et spécialement après les opérations sanglantes, et sur un nouveau mode de pansement; sur *Le taxis prolongé et la herniotomie sans ouverture du sac et sans réduction.*

M. le professeur Crocq, de l'Université de Bruxelles, nous a envoyé un très grand nombre de mémoires bien connus et justement appréciés du monde savant, parmi lesquels nous choisissons son traité sur *Le bandage ouaté;* son *Étude sur l'ophtalmie contagieuse militaire;* un beau traité : *Des fractures des membres;* des notes intéressantes sur *L'action thérapeutique et les applications pratiques du nitrate d'argent;* sur *L'irritabilité des cellules et son rôle dans la genèse des maladies;* sur *La folie paralytique dans ses rapports avec la civilisation;* sur *La contagion du choléra;* mais surtout une série de recherches fort importantes sur l'action que les poussières de charbon inhalées dans le travail des mines peuvent avoir sur les poumons; tels sont sa *Note sur les inhalations de poussières charbonneuses;* son travail sur *L'anthracose pulmonaire ou la pénétration des particules de charbon dans le poumon des houilleurs;* et ses recherches sur *La pénétration des particules solides à travers les tissus de l'économie animale.*

Les publications de M. le professeur van den Corput, professeur de thérapeutique à l'Université de Bruxelles et président du comité de salubrité du Brabant, ne sont ni moins nombreuses, ni moins intéressantes. Il expose d'abord divers modèles de seringues avec trocarts; on sait, en effet, que M. van den Corput a été l'un des précurseurs de la découverte de l'aspiration sous-cutanée.

Parmi les publications qu'il expose, citons celles sur *La trichinose;* sur *La fièvre récurrente,* étudiée par lui en Russie; sur *Le poison des viandes fumées,* poison qu'il y a déjà bien des années il attribuait au développement d'un cryptogame. M. van den Corput est entré dans une voie dans laquelle malheureusement il n'a pas été suffisamment soutenu lorsqu'il a commencé la publication de ses *Bulletins mensuels des épidémies et de l'état sanitaire dans les divers pays du globe,* œuvre éminemment utile puisqu'elle permettait de suivre, dans toutes les contrées, pour une même période, la marche des maladies régnantes et les constitutions médicales; le savant professeur de Bruxelles, pour continuer cette œuvre, avait proposé l'établissement d'une ligue sanitaire internationale, et il serait à désirer que cette idée fût reprise et son exécution menée à bonne fin. Rappelons aussi que M. van den Corput a dirigé pendant un nombre considérable d'années la rédaction du *Journal de médecine, de chirurgie et de pharmacologie,* publié par la Société royale des sciences médicales et naturelles, à Bruxelles. Cet important recueil est trop connu pour qu'il soit nécessaire de rappeler qu'il a ouvert libéralement ses pages à un grand nombre de travaux étrangers et qu'il a largement appelé à lui la collaboration française en particulier. Le défaut de place nous oblige à passer sous silence un très grand nombre de monographies, de communications académiques et autres et de travaux de détail dont le savant professeur a gracieusement fait hommage à notre exposition.

M. le professeur Wasseige, de l'Université de Liège, nous a envoyé un beau livre sur « les opérations obstétricales », et comme exemple de ses découvertes sur ce champ qu'il a enrichi de ses recherches à une époque où il était moins cultivé qu'il ne l'est aujourd'hui, il nous a présenté des instruments d'une grande puissance et d'un mécanisme ingénieux, tels que son lamineur céphalique, sa pince porte-lacs, son crochet articulé, son pelvimètre, etc. Ces instruments, déjà connus de plusieurs d'entre nous, ont attiré l'attention toute particulière du jury.

M. le professeur Kuborn, de Liège, dans la même voie que celle qui a été suivie par M. le professeur Crocq, a produit un certain nombre de travaux d'hygiène professionnelle des plus intéressants : c'est ainsi qu'en 1863 il insistait déjà, dans un travail approfondi, sur les « maladies particulières aux ouvriers mineurs employés aux exploitations houillères de Belgique », et que nous avons encore de lui deux mémoires, l'un sur « le travail des femmes et des enfants, dans les mines de houille », l'autre sur le « rôle pathogénique des poussières charbonneuses dans les organes respiratoires des ouvriers mineurs ».

Citons encore M. le docteur Barella, membre titulaire de l'Académie royale de Belgique, qui nous a envoyé la collection de ses travaux, collection qui malheureusement est parvenue trop tard pour pouvoir figurer au catalogue de la section belge; parmi ces ouvrages, nous relevons un travail sur « l'emploi thérapeutique de l'arsenic »; quelques considérations sur « les maladies organiques du cœur »; plusieurs monographies intéressantes sur l'alcoolisme, la mort subite puerpérale, la pneumonie miasmatique, le béribéri, la vaccination, enfin des leçons de clinique sur les maladies du cœur.

Nous eussions voulu proposer pour les éminents auteurs de ces savants travaux les récompenses auxquelles leur donneraient droit leur haute situation scientifique et la valeur de leurs ouvrages; mais nous avons été contraints de reconnaître, et nous en exprimons ici le vif et très sincère regret, que l'examen de ces publications et des doctrines scientifiques qu'elles renferment relevait des corps savants, des académies, mais qu'il ne pouvait être déféré à un jury dont un certain nombre de membres n'appartenaient même pas à la profession médicale. Nous avons donc dû nous borner à témoigner, dans ce rapport, toute notre gratitude aux savants que nous venons de nommer pour l'honneur qu'ils nous ont fait de participer à notre Exposition universelle et pour la marque de sympathie qu'ils ont donnée de la sorte à la nation et à la science françaises.

S'il ne nous est pas permis, comme jurés, de récompenser leurs ouvrages, nous ne nous applaudissons pas moins du précieux concours qu'ils ont apporté à notre exposition, en nous donnant une preuve de la vitalité et de la puissance de production de la science belge. Nous avons prié notre honorable vice-président M. le professeur Borlée de se faire, auprès de nos confrères de Belgique, l'interprète de ces sentiments et d'exprimer le vœu que ces liens de sympathie et d'estime réciproque qui existent entre le corps médical belge et le corps médical français se trouvent resserrés par l'échange de relations qui est résulté de la présente Exposition.

Parmi les exposants que nous eussions voulu signaler pour une récompense, nous devons encore mentionner tout particulièrement M. Plétinck-Bauchau, docteur en médecine, à Menlebeke (Flandre occidentale). Il est inventeur d'un appareil amovible composé d'attelles articulées à coulisses, pour le traitement des fractures du bras, du coude et de l'avant-bras, appareil ingénieux et couronné déjà d'une médaille d'or au grand concours de Bruxelles, en 1888; mais s'il nous appartenait de juger de la bonne construction des instruments qui nous étaient soumis, nous ne pouvions décider de l'efficacité d'un procédé ou d'un mode de traitement; nous avons dû, par conséquent, nous borner à recommander à l'attention des chirurgiens un appareil simple, peu encombrant et qui paraît pouvoir s'adapter à des cas très variés.

Nous remercions également les auteurs d'un certain nombre de brochures et de publications dans l'examen desquelles nous n'avons pu entrer pour les raisons que nous avons développées plus haut. De ce nombre sont M. Debaisieux, qui nous a envoyé un cours de médecine opératoire et un cours de pathologie chirurgicale; M. Dumoulin, qui a exposé ses publications scientifiques sur la prophylaxie de la variole, sur le choléra, sur les maladies pestilentielles; M. Denayer, qui a figuré sur des tableaux les éléments pathologiques principaux de l'urine humaine et les résultats de l'examen bactériologique de cette dernière; M. Delaunoy; M. Ferstraerts, qui expose l'importante collection du journal *Le scalpel;* enfin la direction des *Annales de la Société médico-chirurgicale de Liège,* qui nous a envoyé la série complète de ses comptes rendus.

Ce que nous venons de dire des ouvrages exposés à la section belge s'applique également à la section américaine. Les grandes administrations des États-Unis d'Amérique ont tenu à honneur de nous montrer les principales publications médicales entreprises sous leur direction.

Tout le monde connaît en France les splendides recueils émanant du *Surgeon general office, war department,* édités avec le luxe que l'on sait par le *Washington government printing office.* Au premier rang de cette exposition, nous trouvons le *Compte rendu médical et chirurgical de la guerre de Sécession,* cet ouvrage unique en son genre par le nombre de documents qu'il renferme et le soin avec lequel ils sont classés et reproduits. Nous avons à signaler dans le même ordre de travaux deux collections intéressantes : 1° *A report of surgical cases treated in the army of the United States, 1865-1871*, par Barnes; 2° *A report on excisions of the head of the femur for gunshot injuries*. Enfin, pour terminer avec l'exposition du département de la guerre, mentionnons la série des *Reports on the Hygiene of the U. St. Army*.

Le Département de la marine a également envoyé à l'Exposition quelques publications importantes; de ce nombre nous citerons :

1° La série des *Reports of the surgeon general, U. St. Navy*; 2° *Hygienic and medical reports by medical officers of the U. St. Navy*, par Joseph-B. Barker; 3° *Instructions for medical officers of the U. St. Navy*; 4° *Report on yellow fever in the U. St. Plymouth*, etc.

Nous regrettons de devoir nous borner à cette simple énumération de travaux dont chacun mériterait une analyse étendue, et nous répétons, en terminant cette digression qui nous a entraînés un peu loin de l'objet même de ce rapport, que bien que ces ouvrages ne rentrent pas dans le cadre des matières sur lesquelles nous devons faire porter notre examen, nous avons été heureux de la participation que leurs auteurs ont bien voulu prendre à notre exposition, et que nous leur en témoignons notre sincère gratitude.

Dans l'examen des diverses sortes de produits qui ont été soumis à notre jugement, nous suivrons l'ordre que nous avons indiqué en les répartissant en catégories; nous envisagerons donc successivement : les instruments de chirurgie; les appareils d'orthopédie et de prothèse; les bandages herniaires; les tissus élastiques; les articles de caoutchouc; ceux de gomme, sondes et bougies; les appareils de laboratoire et d'exploration scientifique; les appareils à désinfection; les produits antiseptiques et les objets de pansement; le matériel de vaccination et les instituts vaccinaux; les appareils d'électricité médicale; la prothèse dentaire; les fournitures pour dentistes; la prothèse oculaire; les instruments de précision, d'oculistique, les microscopes; les accessoires divers du service médical, couveuses, biberons, fauteuils, bassins, irrigateurs, appareils divers destinés aux malades; enfin les préparations et les pièces naturelles ou artificielles destinées à l'étude et à l'enseignement de l'anatomie et de la pathologie, ainsi que les dessins, peintures, lithographies, gravures.

I

INSTRUMENTS DE CHIRURGIE.

En examinant l'exposition de la classe 14, il est impossible de ne pas être frappé de la transformation complète qu'a subie dans ces dernières années la fabrication des instruments en chirurgie. Ce renouvellement de notre instrumentation a été la conséquence de la révolution que la méthode antiseptique a introduite dans la pratique et dans les mœurs chirurgicales; il a fallu créer tout un arsenal remplissant les conditions et présentant les garanties que les chirurgiens jugent nécessaires à la bonne exécution des opérations.

De là l'apparition d'un matériel tout nouveau : lits et tables à opérations, tables, cuvettes, bassins pour maintenir les instruments dans les solutions antiseptiques; boîtes et vases clos pour en permettre le transport et conserver jusqu'au moment de l'opération les fils à suture ou à ligature, les drains et les autres accessoires indispensables à l'exécution d'une opération; étuves et autoclaves pour la désinfection et la stérilisation du matériel; vaporisateurs pour maintenir dans la salle d'opérations une atmosphère aseptique; de là surtout la transformation des instruments eux-mêmes, qui doivent désormais répondre aux deux conditions principales que voici : substitution, autant que possible, du métal et principalement du nickel à toutes les parties qui autrefois étaient construites en bois, en corne, en écaille, en cuivre; démontage instantané et facile pour permettre le nettoyage isolé de toutes les pièces qui entrent dans la construction de chaque instrument.

Ajoutons que si l'arsenal chirurgical s'est enrichi de bien des instruments répondant à des indications toutes récentes et destinés à servir à des opérations nouvelles, nous avons été heureux de constater une tendance presque générale à la simplification de ces instruments, à la suppression des mécanismes trop complexes et d'un maniement difficile, tendance qui n'excluait d'ailleurs nullement l'ingéniosité dans la conception et dans l'exécution des formes instrumentales nouvelles.

Revenons sommairement sur quelques-uns de ces points :

La première et la plus frappante de ces modifications est la substitution du métal au bois ou à la corne dans la confection du manche de la plupart des instruments. Cette transformation, nécessitée par l'habitude, qui tend de plus en plus à s'établir, de stériliser les instruments en les soumettant à une température élevée, a été adoptée par presque tous les fabricants, et on peut dire qu'à l'Exposition il ne figure plus guère d'instrument qui ne soit entièrement métallique. Les manches métalliques ont du reste été construits de différentes façons par les fabricants divers; le plus souvent ils sont creux, formés de deux lames d'acier soudées à la soudure forte, et nickelées. Certains fabricants les évident, pour les alléger, en leur conservant toute leur force; d'autres les munissent de dépressions et de saillies qui permettent à la main de mieux les saisir; tout cela n'est guère qu'une affaire de forme et d'habitude pour le chirurgien : pourvu que le manche soit résistant à la chaleur, suffisamment léger et solide, il répond à l'indication voulue et, celle-ci étant remplie, on doit préférer les manches simples et lisses, plus faciles à maintenir en état, aux manches plus ouvragés. Nous ne saurions cependant approuver la construction des manches métalliques forgés dans la pièce même de l'instrument, tels que nous les a présentés M. FAVRE; s'ils offrent une incontestable solidité, ils sont trop pesants, et pour réduire leur poids il faut diminuer le volume du manche, qui glisse entre les doigts et ne tient plus à la main.

Presque tous ces manches sont nickelés; mais M. Collin a imaginé de pourvoir de manches en aluminium, aussi légers qu'élégants, les instruments destinés aux opérations sur les yeux : sa boîte d'instruments d'oculistique, dont, pour le dire aussitôt, le fini et l'excellente qualité ne le cèdent en rien au luxe et à l'aspect extérieur, est à cet égard une véritable merveille.

Le démontage facile et rapide des instruments est un problème que les exposants ont cherché à résoudre, chacun en cherchant une articulation différente s'appliquant aux ciseaux, pinces hémostatiques et autres, daviers, cisailles. De tous ces modes d'articulation, celui présenté par M. Collin nous a paru de beaucoup le meilleur par son petit volume et sa simplicité unis à une grande solidité; M. Collin l'a substitué entièrement à l'ancienne articulation à tenon de Charrière, articulation qui avait l'inconvénient de se fatiguer rapidement. Les modes d'articulations adoptés par M. Mathieu et par M. Mariaud, tout en étant bons encore, sont moins simples, moins faciles à manier; l'articulation des cisailles et de la scie de M. Mathieu, très solide, est d'une manœuvre un peu dure et elle augmente un peu le volume de l'instrument. Tous nos constructeurs ont du reste fait de louables efforts pour permettre de démonter et de remonter avec aisance et rapidité les instruments même les plus complexes; citons comme exemples de la réalisation de ce problème : 1° le trépan, tout entier métallique et démontable, de M. Wülfing-Lüer, instrument tout à fait remarquable, et 2° la scie à résection de M. Mathieu, scie entièrement métallique, se démontant instantanément en trois pièces distinctes.

Nous reviendrons tout à l'heure sur ces perfectionnements, dont plusieurs sont véritablement fort ingénieux et marquent un progrès réel.

Ainsi que nous l'avons dit en commençant, les accessoires de l'arsenal chirurgical ont subi la transformation la plus complète. Partout le verre, le cristal, le métal et surtout le métal nickelé ont remplacé les autres matières : peut-être à cet égard y a-t-il même un peu d'exagération.

Prenons, par exemple, la collection des tables pour opération, dont l'exposition de la classe 14 offre une si riche collection; nous pouvons y choisir trois types principaux : la table de M. Collin, celle de M. Mariaud, celle de M. A. Reverdin. Cette dernière est la plus simple; elle se compose essentiellement d'une table solide en bois avec un pupitre pour la tête du malade, table qui est recouverte d'une épaisse glace de cristal; en outre, un dispositif spécial permet au chirurgien, dans les opérations de gynécologie, de déposer ses instruments, de recueillir les eaux provenant de l'irrigation du champ opératoire et même de trouver un point d'appui pour sa main ou ses avant-bras.

La table de M. Mariaud est depuis longtemps connue, mais le fabricant l'a rendue plus maniable, plus facile à démonter, réductible pour le transport à un plus petit volume; enfin, à la place de la surface recouverte en moleskine qu'elle présentait autrefois, elle est exclusivement constituée de feuilles métalliques nickelées, du plus élégant aspect et présentant (par une disposition qui rappelle celle des chaises de l'usine Carré) une certaine élasticité pour offrir un contact moins pénible à l'opéré.

La table de M. Collin se compose d'un certain nombre de traverses mobiles pouvant à volonté s'abaisser ou se relever de manière à laisser à découvert la partie du corps sur laquelle on opère ou autour de laquelle on veut appliquer un pansement. L'ensemble de ces traverses repose sur un cadre métallique pourvu d'un entonnoir qui dirige les liquides dans un vase placé au-dessous de la table. Originairement, M. Collin avait construit ces traverses en bois et il les avait pourvues de coussinets rembourrés et recouverts en moleskine; il les a remplacées actuellement par des plaques de métal nickelé.

Cette table, à laquelle nous donnerions la préférence, est d'une commodité inappréciable; si celle de M. Reverdin est plus simple, si celle de M. Mariaud se prête mieux peut-être aux opérations de laparotomie au cours desquelles le chirurgien doit être placé entre les jambes de l'opéré, la table de M. Collin convient mieux, à notre avis, pour les opérations générales, car elle est moins étroite et plus solide et, de plus, sans changement de position de l'opéré, elle facilite les manœuvres opératoires et surtout le pansement dans de notables proportions; mais est-il nécessaire que la surface sur laquelle est couché l'opéré soit constituée par du métal ou du cristal? Y a-t-il même à cela quelque avantage? Si facile qu'en puisse être le nettoyage, du moment que le malade repose sur elle, on ne peut la considérer comme une surface aseptique; on ne doit donc ni la toucher, ni y déposer les instruments au cours de l'opération. Pourquoi, dès lors, condamner l'opéré à se coucher sur un lit dont l'aspect et le contact insolite seraient de nature à l'impressionner d'une manière pénible? Le lit de M. Collin, celui de M. Mariaud, tels qu'ils étaient dans leur forme primitive avec leurs coussins recouverts en moleskine, faciles à nettoyer suffisamment, sinon à maintenir aseptiques (ce qu'on ne peut obtenir d'une table à opérations), nous semblaient mieux appropriés à leur but que ces tables entièrement métalliques qui me paraissent un peu trop destinées à satisfaire au goût du jour.

C'est à cela que se borneront nos critiques sur l'emploi exclusif du métal dans la confection du matériel chirurgical; partout ailleurs il a sa raison d'être. Citons en passant les tables à immersion pour les instruments, celle de M. Collin, construite d'après les indications de M. Lucas Championnière et modifiée par moi; les bassins métalliques dont plusieurs constructeurs garnissent l'intérieur de leurs boîtes à instruments-bassins qui ont remplacé l'ancienne gainerie où les instruments se trouvaient enchâssés dans la poussière; les cuvettes de formes variées, en verre, en cristal, en métal nickelé, en caoutchouc durci pour les lavages; les tubes en verre fort, fermés par une vis métallique, et permettant de transporter tubes, crins de Florence, fils de soie, catgut et drains dans les solutions antiseptiques; les stérilisateurs, sur lesquels nous reviendrons dans un autre chapitre; enfin, pour le lavage des plaies, des injecteurs divers, où la pression hydrostatique seule remplace le mécanisme des seringues et des

3.

irrigateurs, dont le contrôle antiseptique laissait toujours à désirer. Telles sont en abrégé les transformations principales que ces dernières années ont amenées dans l'instrumentation chirurgicale, transformations dont nous allons suivre le détail en déterminant ce qui revient à chacun de nos exposants dans les progrès que nous avons à enregistrer.

Le jury constate tout d'abord la supériorité que la maison Collin n'a cessé de présenter dans la fabrication des instruments de chirurgie. Cette supériorité ne s'affirme pas moins qu'à l'Exposition de 1878, où M. Collin avait obtenu le premier prix et où les services qu'il avait rendus à l'industrie et à la science françaises avaient été récompensés par la croix d'officier de la Légion d'honneur. Les principaux progrès qui ont été réalisés dans la construction des instruments de chirurgie sont dus à cette maison, dans laquelle se perpétuent par tradition les qualités éminentes qui la distinguaient déjà du temps de son illustre fondateur Charrière. L'ingéniosité, la richesse en inventions n'y a fait négliger ni la bonne qualité des objets de fabrication courante, ni leur finesse d'exécution, ni leur élégance. Tout serait à citer dans cette exposition, qui est incontestablement la plus belle de nos salles. Donnons ici seulement quelques exemples :

Tous les brise-pierre actuellement en usage sont pourvus du mécanisme dit *bascule de Collin;* M. Collin a construit quatre nouveaux modèles de bâillons ouvre-bouche pour palatoplastie et excision des amygdales; il faut citer sa collection d'instruments pour l'extraction des corps étrangers de l'urètre et de la vessie chez l'homme et chez la femme, sa collection de daviers et pinces pour saisir et réséquer les os, ses instruments pour réduire la viande en pulpe, ses nouveaux speculums pour faciliter les opérations pratiquées sur l'utérus, son ostéoclaste pour *genu valgum,* un nouvel appareil pour réduire les luxations, les perfectionnements apportés au tranchant des couteaux et bistouris, le perfectionnement des pinces en général dont les dents sont polies pour faciliter le nettoyage, les perfectionnements apportés à l'aiguille de Reverdin. M. Collin a construit tout le nouvel arsenal obstétrical du professeur Tarnier, ainsi que tous les instruments inventés par le professeur Farabeuf. M. Collin aurait à l'unanimité et par acclamation obtenu un grand prix, unique pour sa partie, s'il n'eût été mis hors concours par sa qualité de membre du jury : ajoutons que les services qu'il y a rendus et les lumières qu'il a mises à notre disposition, dans les cas où sa compétence spéciale était indispensable, nous font moins regretter de n'avoir pu lui proposer cette haute récompense. Trois de ses contremaîtres, signalés pour leur participation à la plupart des inventions de la maison, leur intelligence, leurs longs services, MM. Leblond, Lesueur et Benjamin Robert, ont obtenu des médailles d'argent à titre de collaborateurs.

Parmi les exposants, hors concours comme membres du jury pour la classe 14, nous devons mentionner tout particulièrement notre collègue, le professeur A. Reverdin, de Genève. Les instruments qu'il nous a présentés sont ingénieux et pratiques; nous avons signalé sa table à opérations avec dispositif spécial pour les opérations de gynécologie; nous ne pouvons qu'indiquer les modifications ingénieuses qu'il a introduites, avec une grande persévérance, dans la construction des aiguilles qui portent le nom de son cousin, le professeur J. Reverdin : il est arrivé à fabriquer une aiguille latérale fort commode et d'un maniement ainsi que d'un démontage très faciles. Parmi les autres instruments qu'il nous a présentés, nous avons remarqué des pinces à fixation, sa pince en cœur, sa pince à mors en trèfle pour saisir le col utérin; une curette perforée, un dilatateur utérin permettant l'irrigation de la cavité utérine. M. Auguste Reverdin a également exposé du catgut fabriqué avec beaucoup de soin, catgut fait avec le boyau du mouton noir de Savoie, très résistant malgré sa grande finesse. M. Demaurex, de Genève, qui a exécuté le plus grand nombre des instruments inventés par notre collègue, en expose également un certain nombre qui sont de son invention, parmi lesquels nous avons remarqué ses écarteurs, son spéculum intra-utérin, ses pinces érignes à préhension, assez semblables au davier de M. Ollier, le dilatateur utérin de M. Mayer, le lit à opérations du professeur Juillard. Nous avons accordé une médaille d'argent à M. Demaurex pour son exposition, et un diplôme de mention honorable à M. Charles Hungrecker, son meilleur ouvrier. Nous devons dire bien haut l'excellente impression que nous a faite à cet égard, comme pour d'autres branches ressortant également de la classe 14, l'exposition helvétique : nous avons été heureux de constater le rang élevé qu'occupe la Suisse dans l'invention, le perfectionnement et la fabrication des produits que nous avons eu à juger.

Arrivant aux exposants auxquels nous pouvions donner des récompenses, nous trouvons deux maisons dont les expositions également remarquables nous ont permis de les proposer pour des grands prix. Mais ici, tout d'abord doit se placer une remarque : un grand prix unique décerné à la fabrication française des instruments de chirurgie, s'il eût été possible de l'attribuer impersonnellement à son ensemble, nous eût paru mieux à sa place. Nous avons dit les progrès remarquables faits dans cette voie par la fabrication parisienne; nous regrettons que l'absence totale d'exposants appartenant à certaines nations voisines, et pour d'autres le petit nombre de ceux qui ont répondu à notre appel, ne nous ait pas permis d'établir la comparaison entre nos produits et ceux des pays où cette branche de l'industrie a atteint un certain développement; d'après ce que nous savons, la comparaison eût été tout à notre avantage, et la France et tout particulièrement Paris tiendraient incontestablement la tête dans l'industrie des instruments de chirurgie, mais ces progrès que nous constatons sont l'œuvre d'un très grand nombre de collaborateurs; tous les fabricants français, jusqu'à un certain point, y ont eu leur part à des degrés différents, sans qu'aucun d'eux (à part la maison Collin que nous n'avions pas à juger) puisse se prévaloir d'une supériorité qui le mette hors de pair. C'est pour cette raison qu'ayant à récompenser la fabrication des instruments de chirurgie d'une manière digne de ses mérites, nous avons dû présenter *ex æquo* deux maisons qui, à des titres différents, nous ont paru dignes de recevoir un grand prix : ce sont les maisons Raoul Mathieu et Mariaud.

M. Mathieu possède une des plus belles expositions du vestibule; l'effet général en est excellent et se trouve confirmé par l'examen des détails et par ce que nous savons de sa fabrication et des antécédents si honorables de cette maison. Nous avons déjà mentionné plusieurs contributions importantes qui lui sont dues : M. Mathieu a exposé tout le détail de son outillage pour la fabrication des instruments à manche métallique; il a adopté une articulation nouvelle pour les cisailles, les daviers et autres instruments, articulation solide mais un peu dure. Sa scie à résection démontable est un des instruments les plus remarquables de l'Exposition; signalons encore une cisaille à double point d'appui pour la section des os, cisaille dont la force et la netteté du tranchant sont supérieures à ce que nous connaissions pour des instruments de même volume; citons encore sa gouge rétrograde pour l'évidement des os, un bistouri métallique articulé, des pinces pour saisir l'intestin dans les opérations d'entérectomie ou d'entérorraphie, un bâillon dont le pignon à lanterne permet d'écarter ou de rapprocher à volonté les arcades dentaires sans qu'il soit besoin d'un déclenchement; enfin une série de modifications très ingénieuses de l'aiguille de Reverdin qui permettent l'ouverture et la fermeture du chas pour des formes d'aiguilles très courbes, telles que celles qu'on emploie pour passer des fils d'avant en arrière dans les opérations de palatoplastie ou de fistule vésico-vaginale. Nous voudrions encore en dire davantage, mais nous ne pourrions signaler tout ce que cette exposition renferme d'intéressant sans dépasser les limites de ce rapport. Mentionnons en terminant une table à opérations à compartiments mobiles et entièrement métallique; M. Mathieu n'en a exposé que le modèle réduit, ce qui ne permet pas d'en apprécier bien exactement la valeur. Nous reviendrons tout à l'heure sur les appareils d'orthopédie et de prothèse qui complètent cette exposition.

L'exposition de M. Mariaud est, avons-nous dit, intéressante à un autre titre : c'est par le perfectionnement du matériel pour l'ovariotomie et pour les opérations de laparotomie dont cette maison expose l'attirail complet, depuis la table à opérations jusqu'aux pinces courbes et aux serre-nœud destinés à fixer les ligatures élastiques. Il est intéressant de constater la transformation qu'a subie tout ce matériel depuis le temps où Guéride, le prédécesseur de Mariaud, produisait la table et le serre-nœud de Cintrat.

Tous les chirurgiens de notre époque ont pu suivre cette évolution et ils ont pu apprécier les efforts constants qu'a faits M. Mariaud pour perfectionner son instrumentation et la mettre en rapport avec les indications nouvelles que les progrès de la chirurgie abdominale leur demandaient de remplir. Pour ne citer qu'un de ces instruments, le serre-nœud destiné à assurer la ligature élastique dans les hystérectomies abdominales est arrivé à son plus haut point de simplicité et de perfection tout à la fois. Un certain nombre d'autres ligateurs ont été inventés par plusieurs de nos collègues, MM. Terrillon, Segond, Pozzi; le serre-nœud de Mariaud l'emporte sur eux tous par son petit volume, sa solidité et sa très grande simplicité. Par le fait même des opérations un peu spéciales auxquelles il prête le concours de sa fabrication, M. Mariaud a été amené à chercher les moyens de réaliser sûrement et commodément l'antisepsie chirurgicale : l'exposition des objets de sa fabrication destinés à cet usage, cuvettes, plats à instruments, etc., est intéressante. Il présente une étuve pour la désinfection des instruments, chauffée par une lampe à alcool sur laquelle nous reviendrons plus tard. M. Lamy, le collaborateur et le second de M. Mariaud, a obtenu une médaille de bronze.

Deux exposants nous ont paru mériter des diplômes de médaille d'or. L'un d'eux, M. Wülfing-Lüer, a relevé le niveau de sa fabrication qui avait peut-être fléchi en 1878. Sa maison conserve les honorables traditions du respectable père Lüer, l'honnête homme par excellence, qui ne laissait sortir de chez lui aucun instrument qui n'eût été revu par lui-même. Nous sommes heureux d'avoir constaté que la perfection et le fini de l'exécution sont toujours les mêmes dans cette maison, qui présente un assortiment hors ligne de couteaux, de bistouris, d'instruments pour les yeux, tous de bonne forme, de bonne trempe comme tranchant et comme pointe, et répondant d'ailleurs aux exigences de la méthode antiseptique. Nous avons mentionné le trépan démontable et entièrement métallique fabriqué par M. Wülfing; les instruments nouveaux ne font pas non plus défaut dans cette exposition. Ajoutons que la maison Wülfing-Lüer a une spécialité véritable pour la fabrication des microtomes, dont plusieurs, bien connus d'ailleurs par les anatomistes, sont de véritables instruments de précision.

Nous regrettons de ne pouvoir énoncer une opinion aussi favorable sur l'exposition de M. Aubry : l'extrême complication où il s'est jeté est un inconvénient qu'il a dû sentir lui-même en essayant en vain de faire manœuvrer plusieurs de ses instruments devant le jury. Rien de ce qu'il nous a présenté, rien de ce qu'il a inventé dans ces derniers temps n'est simple. Il a certainement fait preuve de beaucoup d'ingéniosité; il a fait une dépense considérable d'efforts et même de talent, mais pour arriver à des résultats qui sont trop souvent peu pratiques.

Citons pourtant les instruments, pinces courbes, sécateurs et curettes spéciales du professeur Guyon pour l'ablation des tumeurs vésicales, et la lampe électrique à incandescence pour éclairer le bas-fond de la vessie dans les opérations de cystotomie sus-pubienne. Malgré les côtés défectueux que nous avions le devoir de relever, nous avons néanmoins voulu conserver à M. Aubry la médaille d'or qu'il avait obtenue à l'Exposition précédente, en espérant qu'il profitera des critiques un peu sévères que nous venons de faire à sa fabrication et qu'il dirigera mieux ses efforts dans l'avenir.

Les exposants pour lesquels nous avons demandé des diplômes de médaille d'argent pour la fabrication des instruments de chirurgie, outre M. Demaurex, dont nous avons parlé à l'occasion de l'exposition de M. Reverdin, sont M. Favre, MM. Gray et fils, de Sheffield (Grande-Bretagne), et M. Graillot.

M. E. Favre soutient honorablement sa fabrication au rang qu'elle occupe depuis longtemps. Nous avons remarqué sa trousse métallique; son système de fabrication des manches métalliques creux pour les instruments divers, système préférable à celui de ces manches forgés dans la même pièce que la lame. Il expose le lit à extension continue construit sur les indications de M. le professeur Lannelongue, pour le traitement de la coxalgie.

La maison Joseph Gray et fils, de Sheffield, est l'une des plus considérables pour la fabrication des daviers et des cisailles dont elle fournit à un grand nombre de commerçants, même en France, tous les modèles en usage. Malheureusement sa fabrication n'est pas à la hauteur pour le reste des instruments de chirurgie. Ni les instruments eux-mêmes, ni leur assemblage dans des trousses et des boîtes d'opérations, ne répondent aux exigences de la méthode antiseptique; bien des formes sont anciennes et absolument démodées. Il nous a été impossible de proposer pour cette maison plus que la médaille d'argent qu'elle avait déjà obtenue en 1878.

M. Graillot est le principal fabricant d'instruments pour chirurgie vétérinaire; comme tel nous l'avons retenu à notre classe, quoiqu'il expose également à la classe 74. Parmi les instruments figurant à son exposition et qui ont plus particulièrement attiré notre attention, nous signalerons les écraseurs linéaires de Chassaignac et de Méricant, tous les instruments destinés à la chirurgie dentaire, les gouges et autres instruments semblables des modèles les plus variés, un éclaireur électrique ingénieux, etc. M. Graillot avait obtenu une médaille d'argent en 1878, nous lui en avons proposé le rappel.

En terminant ce qui a trait à cette partie de l'exposition de la classe 14, nous ne pouvons que répéter ce que nous avons dit en commençant; les progrès réalisés dans la fabrication des instruments de chirurgie ont été considérables : depuis l'Exposition de 1878, une révolution véritable s'est accomplie dans nos mœurs chirurgicales par la généralisation de la méthode antiseptique. Tout l'arsenal chirurgical devait être renouvelé pour répondre aux exigences nouvelles créées par cet état de choses : cette transformation s'est opérée grâce aux efforts soutenus des fabricants, dont chacun, dans la limite de ses forces, a concouru au but indiqué par les chirurgiens.

Si en 1878 l'exposition des instruments de chirurgie pouvait mettre en avant quelques découvertes qui ont marqué dans l'histoire de notre instrumentation, le thermo-cautère Pàquelin et Collin, l'aspirateur Dieulafoy, par exemple, celle de 1889 affirme un résultat plus considérable encore : l'adaptation du matériel et de l'arsenal chirurgicaux aux besoins de la méthode antiseptique.

II

ORTHOPÉDIE, APPAREILS PROTHÉTIQUES, MEMBRES ARTIFICIELS.

Nous trouvons encore à la tête de cette fabrication les principales maisons d'instruments de chirurgie, à côté desquelles, néanmoins, il faut placer un certain nombre d'autres fabricants qui se sont restreints à la production de ce genre d'appareils et sur lesquels nous insisterons plus particulièrement.

Il nous faut mentionner tout d'abord les appareils en cuir moulé de M. Collin, notamment : les corsets orthopédiques avec béquillons et plaques de pression, destinés à corriger les courbures costales; les membres articulés, faits avec une rare perfection, et spécialement un membre supérieur dont le pouce est mis en mouvement par une pédale axillaire; l'ingénieux appareil pour le redressement des pieds bots congénitaux, de M. Trélat.

Les appareils en cuir moulé fabriqués par M. Mathieu se distinguent, comme par le passé, des précédents en ce que le cuir y est percé d'un très grand nombre de trous destinés à alléger l'appareil et à favoriser l'évaporation de la transpiration; mais nous nous demandons si cette modification, en donnant plus de légèreté aux appareils, ne leur enlève pas quelque chose de leur solidité. Dans l'exposition de M. Mathieu, nous trouvons un membre inférieur articulé à déclenchement automatique, qui rend le genou rigide dès que le pied pose par terre et lui restitue sa mobilité lorsque ce dernier se détache du sol. Signalons, enfin, une minerve construite par M. Mariaud sur les indications de M. le docteur Ch. Perier, minerve qui grâce à une double articulation située à la naissance du cou et à l'union de la nuque avec la tête permet de donner à celle-ci toutes les positions qu'on veut lui faire prendre : le point d'appui pour la fixation est pris à la fois sur la ceinture et sur les épaules.

2 médailles d'argent, 4 médailles de bronze, 3 mentions honorables ont été proposées par le jury pour les exposants appartenant à cette catégorie.

La première de ces médailles d'argent a été attribuée à M. C. A. Frees, de New-York, spécialement pour une jambe artificielle des mieux construites et présentant un mode d'articulation très ingénieux et très pratique pour le cou-de-pied. M. Frees nous a, en outre, présenté toute une série de béquilles et de bouts de béquilles réalisant un progrès réel sur les modèles actuellement en usage : signalons ses béquilles avec traverse supérieure élastique, ses béquilles en simple bois uni, ses bouts en caoutchouc pouvant s'adapter, très simplement, à toute béquille.

M. F. Lacroix, successeur de P. Guillot, nous a paru mériter d'être encouragé par une médaille d'argent. Cette maison fabrique, depuis longtemps, pour les hôpitaux et produit tous les genres d'appareils orthopédiques et prothétiques; mais M. Lacroix expose pour la première fois. Il a fait de louables efforts pour déterminer le point précis auquel, pour chaque segment d'un membre artificiel, doit correspondre l'articulation et la direction qu'il faut donner à l'axe de ces articulations. Des recherches anatomiques étaient nécessaires pour arriver à ce but; il s'est adressé, pour les diriger, à M. le docteur Beurnier, chef de clinique à l'hôpital Necker. Il serait prématuré de dire que ces études ont déjà conduit à des résultats pratiques, mais on peut espérer qu'elles atteindront ce but et on ne saurait qu'encourager M. Lacroix dans la voie où il est engagé. Parmi ses appareils nouveaux, il en présente, d'ailleurs, quelques-uns assez ingénieux, entre autres : un collier dans lequel la tête se meut sur un chemin de fer circulaire permettant, à volonté, les mouvements de rotation; un appareil pour les fractures non consolidées de la rotule, avec un système d'extension automatique consistant en un ressort en spirale terminé par une verge à galet glissant dans une rainure sur la face postérieure du membre.

Parmi les exposants qui ont mérité les médailles de bronze, nommons d'abord la maison S. Oliete et fils, de Valence, maison très considérable, qui fournit d'appareils orthopédiques, bien faits, une notable partie de l'Espagne. La facture de ces appareils, encore qu'ils ne présentent rien de bien nouveau dans leur disposition, nous a paru bonne, réunissant l'élégance et la solidité.

M. S. Doucet, fournisseur titulaire de l'Hôtel des Invalides, a obtenu également une médaille de bronze pour sa bonne fabrication, la simplicité et le bon marché de ses membres artificiels et de ses pilons. Il nous a montré des modèles variés de béquilles, de cannes à béquillons, de bouts de pilons et de béquilles, de sabots peu coûteux et paraissant bien établis.

La maison Werber ne nous a rien présenté de nouveau; tout ce que l'on peut dire, c'est qu'elle maintient son ancienne fabrication.

La dernière médaille de bronze que nous avons donnée a été pour M. Richard Vanschoor, successeur de Monlon; M. Richard Vanschoor exposait pour la première fois, mais sa maison, qu'il maintient dans les bonnes traditions qu'avaient inaugurées M. Monlon, est depuis longtemps chargée de la fourniture des appareils orthopédiques pour les hôpitaux, et spécialement pour la consultation d'orthopédie au bureau central d'admission.

Quoique les articles fabriqués par M. Richard Vanschoor appartiennent, presque tous, aux modèles courants, la qualité de sa fabrication à bon marché nous a paru mériter un encouragement destiné à l'engager à persévérer dans cette voie.

Les trois diplômes de mentions honorables ont été attribués à trois fabricants de chaussures orthopédiques, dont l'un est Belge, M. Gengoux, et deux Français, MM. Abrioux et Bruyge. Permettre une marche aisée en masquant la difformité, tel est le but que les fabricants de ce genre d'articles cherchent à remplir en adaptant sur le moule en plâtre du pied des semelles en liège qu'ils façonnent; le moyen n'est pas nouveau; nous n'avons rien trouvé de bien particulier, non plus, dans l'application qui en a été faite aux divers ordres de malformation du pied.

III

BANDAGES HERNIAIRES.

Deux des exposants appartenant à cette catégorie se trouvaient hors concours : ce sont MM. Badin et Wickham.

M. Badin, de la maison Badin frères, de Toulouse, appartenait au jury de la classe 14. La maison qu'il dirige, l'une des plus importantes dans son genre, étend ses relations sur tout le midi de la France, sur le nord de l'Espagne, sur l'Algérie. Elle ne répand que les objets qu'elle fabrique elle-même et elle les livre directement, sans intermédiaires autres que les médecins. MM. Badin, outre leur fabrication de bandages, sur laquelle nous allons revenir, produisent toute espèce d'appareils orthopédiques; c'est ainsi que nous avons remarqué dans leur exposition une ceinture en cuir moulé avec tuteurs de rappel pour la luxation coxo-fémorale double et simple, des appareils pour contenir les fragments dans les fractures de la rotule, un doigt artificiel intéressant qui a permis à un violoniste, privé des deux dernières phalanges d'un de ses doigts, de continuer à pratiquer son art.

Ce sur quoi nous voulons surtout insister, c'est sur la fabrication des bandages herniaires, dans laquelle MM. Badin ont substitué une pelote en caoutchouc moulé à la pelote en laine ou à la pelote à insufflation.

Cette pelote, faite avec du caoutchouc Para, est moulée dans des moules en fonte reproduisant les diverses formes que l'on peut donner aux pelotes herniaires. Elle est assez résistante pour ne pas se déformer à l'usage; d'autre part, suivant l'épaisseur que l'on donne à la lame de caoutchouc qui la constitue, on peut lui communiquer tous les degrés de souplesse ou de rigidité. Sans pouvoir nous prononcer sur la valeur d'innovations que nous n'avons pas mises à l'essai, nous pouvons dire qu'il y a dans ce principe quelque chose d'intéressant, de nouveau et qui mérite d'être mis à l'étude.

Le second exposant mis hors concours était M. G. Wickham, nommé juré suppléant à la classe 8 (enseignement supérieur). La maison G. Wickham est bien connue; aux expositions universelles de 1867 et de 1878, elle a été honorée d'une médaille d'argent; le chiffre de ses affaires est considérable; elle se restreint presque entièrement à la fabrication des bandages dits *bandages anglais*. Ce n'est point ici le lieu de discuter le mérite respectif des diverses sortes de bandages et leurs applications spéciales. Dans la fabrication du bandage anglais, la maison Wickham s'est acquis une véritable notoriété; les produits qu'elle nous a soumis appartenant aux modèles les plus divers étaient légers, élégants et solides. Son exposition était de beaucoup la plus considérable et la plus brillante de celles qui composaient la chambre syndicale des instruments et appareils de l'art médical, dont M. Wickham est le président, et qu'il avait groupées autour de lui.

Nous regrettons de devoir avouer ici que l'impression qui se dégage de l'exposition des bandages herniaires, dans nos salles, est loin d'être favorable; non point que nous n'y trouvions, comme nous l'avons déjà dit, des appareils bien construits, mais nous n'avons pu y constater aucun progrès réel, presque aucune amélioration même de détail. La plupart des bandagistes se bornent à reproduire les formes classiques de bandages, et, s'il y en a qui se piquent de quelque invention, on peut, sans trop d'injustice, leur appliquer le mot cruel de Malgaigne : « Rien de ce qui est bon n'est nouveau, rien de ce qui est nouveau n'est bon. » Nous mentionnerons bien en passant quelques innovations de détail, mais, en l'absence de progrès à récompenser, nous avons dû donner les prix à la bonne fabrication courante; c'est ainsi que des médailles d'argent ont été attribuées à M. Émile-L.-A. Delogé, à Paris, et à la maison Clausolles, de Barcelone, maison fort importante qui nous a montré des bandages à pelote en caoutchouc assez semblables à ceux qu'exposait M. Badin.

Des médailles de bronze ont été données à M. Achard-Milhet, de Lyon, et à MM. Mayet et Jourdain, de Paris.

M. Achard-Milhet expose un nouveau système de pelotes, exactement l'opposé de celui que nous ont présenté MM. Badin et Clausolles; il lui donne le nom de *pelote pneumatique;* celle-ci est formée d'une vessie en caoutchouc recouverte de peau : munie d'une soupape, elle peut se gonfler et se dégonfler à volonté à l'aide d'un insufflateur préparé à cet effet. Le jury s'est trouvé partagé sur l'appréciation de ce principe, et j'avoue pour ma part que je crois peu à l'efficacité des pelotes à insufflation. Si elles peuvent maintenir des hernies faciles, il ne paraît pas que la pression élastique qu'elles exercent puisse opposer un obstacle suffisant aux hernies volumineuses sortant par des anneaux très élargis. Quoi qu'il en soit, le jury, en donnant à M. Achard-Milhet une médaille de bronze, a voulu récompenser une idée nouvelle, capable de donner peut-être des résultats utiles, et une bonne fabrication de détail.

MM. Jourdain et Mayet se sont signalés aussi par leur production bonne, solide, à bon marché; il en a été de même pour MM. Loret et Cie, qui ont obtenu une mention honorable. M. Mayet, particulièrement, nous a fait voir plusieurs perfectionnements de détail : des bandages pour enfants, recouverts d'une enveloppe imperméable en caoutchouc et destinés à remplacer le bandage en gomme, si altérable et dangereux, que l'on prescrivait presque exclusivement autrefois. M. Mayet construit très bien les bandages de force pour les hernies incoercibles ou difficiles à contenir. Au lieu de river le collet du ressort sur l'écusson de la pelote, il le fixe avec des vis s'engageant à volonté dans l'un des trous nombreux dont est percé l'écusson. Cette disposition permet de faire varier à volonté l'inclinaison de la pelote sur le ressort. Le ressort généralement employé pour les hernies difficiles est actuellement le ressort dit *ressort Burat,* lequel n'est plus qu'une variété de ressort français, plus fort, mieux trempé, présentant une brisure qui permet de l'incliner plus ou moins, de manière à changer sa courbure, mais qui, comme tous les bandages français, prend son point d'appui sur la circonférence pelvienne. Pour les hernies difficiles, la pelote triangulaire avec sous-cuisse rembourré, fixé à la pointe et venant se rattacher au côté opposé du bandage, est devenu d'un usage habituel. Pour les hernies crurales, on se sert aussi parfois d'un sous-cuisse fixe, faisant le tour de la cuisse et s'opposant plus efficacement au déplacement en haut de la pelote. Signalons encore les modèles de suspensoirs élastiques lacés et maintenus par des bretelles, pour les hernies scrotales qui ont perdu droit de domicile; les ceintures de divers modèles combinés avec le bandage Dolbeau ou le bandage Drapier, pour les hernies ombilicales, et quelques autres dispositions particulières d'appareils qui peuvent rendre service dans tel ou tel cas déterminé.

Même en faisant la part des améliorations dont nous venons de faire mention, nous devons répéter que l'art du bandagiste ne s'est enrichi, dans ces dix dernières années, d'aucune découverte vraiment importante, et qu'il n'y a rien dans ce qui nous a été présenté qui puisse lutter avec l'immense progrès réalisé dans ces derniers temps pour la cure des hernies par la voie chirurgicale.

IV

TISSUS ÉLASTIQUES, BAS-VARICES, CEINTURES, ARTICLES EN PEAU, ETC.

Quelques mots suffiront ici : nous avons voulu encourager par une médaille d'argent la qualité exceptionnelle des tissus élastiques que nous a présentés M. Gamichon, bien plus que la fabrication des ceintures, bas-varices et suspensoirs. La maison P. Dorigny nous a paru mériter une mention dans le même ordre de choses. Une mention honorable a également été décernée à M. Bacq-Prodhomme principalement pour les ceintures abdominales en poil de chèvre qu'il nous a montrées.

Enfin nous avons donné à M. Châne une mention pour la façon dont il travaille la peau de chien pour en faire soit des bas lacés, soit des genouillères ou des ceintures.

V

ARTICLES DE CAOUTCHOUC.

La fabrication des articles de caoutchouc pour les usages médicaux et chirurgicaux, pour laquelle nous étions naguère encore tributaires de l'Angleterre, est devenue une branche prospère de l'industrie nationale. Drains, sondes, pessaires, coussins à air, matelas d'eau, injecteurs et insufflateurs, de même que les appareils les plus compliqués dans la constitution desquels le caoutchouc entre comme matière principale; tous ceux que nous employons actuellement sortent de fabriques françaises et, au point de vue de la qualité et de la perfection du travail, ils ne le cèdent en rien aux produits étrangers.

Une grande part, dans ce mouvement, revient à MM. Galante et fils, exposants hors concours, qui ont fait depuis 1851 des efforts constants pour créer et pour étendre en France l'industrie du caoutchouc appliqué à la médecine. MM. Galante, d'ailleurs, n'exposent pas seulement des produits de cette nature; fabricants d'instruments de chirurgie, ils ont produit, outre les objets de fabrication courante, un certain nombre d'appareils ingénieux parmi lesquels je relève leurs tubes pour l'emploi médical du chlorure de méthyle, leurs pèse-bébés, une couveuse simplifiée, les valves démontables du docteur Doléris, et plusieurs autres inventions ingénieuses. Mais c'est dans le travail du caoutchouc qu'ils ont acquis une véritable supériorité; on peut s'en convaincre en examinant leurs sondes en caoutchouc rouge, jadis fort inférieures, actuellement égales au moins comme qualité aux sondes anglaises; leurs tubes à drainage souples, résistants et régulièrement fenestrés; les coussins et matelas d'eau qui sont l'objet de leur fabrication courante. L'habileté avec laquelle ils manient le caoutchouc et l'excellent choix de leurs matières premières leur ont permis de construire un certain nombre d'appareils plus ou moins complexes, comme leurs appareils à réfrigération par un courant d'eau, leurs instruments pour le lavage de l'estomac, et celui de la vessie, pour le gavage, pour contenir et réduire l'intestin dans les anus contre nature, pour combler la fistule gastrique à la suite de la gastrostomie, et des appareils physiologiques plus complexes, comme les manomètres simple et double et le presse-artère de Franck, le sphygmomanomètre du professeur Potain, le réflexomètre enregistreur de Danillo, les masques et appareils ayant servi à l'analyse des gaz de la respiration, dans les expériences de MM. Charles Richet, Quinquaud, Gréhant.

Il faut nous borner à cette simple mention, qui justifiera suffisamment la place que nous donnons à la maison Galante et fils dans cette partie de notre exposition.

Deux médailles de bronze ont été décernées à deux autres industriels qui occupent également une situation notable dans la fabrication des articles de caoutchouc.

L'un d'eux, M. F. Berguerand fils, chiffre ses affaires par un million par an, dont 300,000 francs pour l'Italie, l'Espagne, le Portugal et divers autres pays. Cette maison emploie 100 ouvriers, une force motrice de 60 chevaux; elle emploie annuellement 85,000 kilogrammes de matière première. Les articles que nous avons examinés nous ont paru bien faits et de bonne qualité; il faut ajouter que la maison Berguerand fils ne limite pas sa fabrication à la production des objets d'usage médical; elle confectionne également les vêtements en caoutchouc et divers objets d'usage commun. M. Berguerand avait fait partie du comité d'installation pour la classe 14.

M. Victor Thillier nous a présenté également des articles de très bonne fabrication, quelques-uns même fort remarquables par leur fini. Citons les gants à plusieurs boutons, faits sur mesure, dont M. Jalaguier et moi, et bien d'autres chirurgiens probablement, nous sommes servis pour préserver nos mains du contact des solutions antiseptiques dans les pansements. M. Thillier a obtenu comme M. Berguerand une médaille de bronze.

Un diplôme de mention honorable a également été décerné à la maison Gauthey et Haussmann, qui joint à la fabrication des articles en caoutchouc pour la médecine l'application de la même industrie à diverses autres branches, et qui produit des articles pour laboratoires de chimie, pour la photographie, la parfumerie, la mercerie, des articles de voyage divers et des objets destinés à différentes branches de commerce.

VI

ARTICLES EN GOMME. — SONDES, BOUGIES.

La fabrication des sondes et des bougies a atteint un très haut degré de perfection, on est arrivé à donner au tissu qui les constitue tous les degrés de consistance depuis la souplesse et même la mollesse du caoutchouc jusqu'à une extrême rigidité; les modèles d'instruments répondant à des indications diverses se sont multipliés; leur forme elle-même a subi des modifications qui la mettent en rapport avec les nécessités d'un traitement chirurgical antiseptique. C'est ainsi que, dans les sondes, on a presque partout supprimé le cul-de-sac terminal situé entre l'œil et le bout de la sonde, cul-de-sac dont le nettoyage était difficile ou même impossible; les yeux eux-mêmes sont faits dans la trame du tissu et non coupés à l'emporte-pièce ou brûlés : on les dispose de telle sorte que leur rebord ne présente aucun relief saillant qui puisse blesser l'urètre; les sondes et bougies sont très régulièrement calibrées; leur surface, même celle des moins rigides, est parfaitement lisse et par conséquent moins disposée à s'incruster; elles résistent mieux qu'autrefois à la chaleur et peuvent se conserver et être expédiées dans les pays chauds sans risque de subir d'altération notable. A tous ces points de vue, la fabrication des sondes, bougies et articles de gomme nous a paru en notable progrès.

Nous n'avons pas à suivre les exposants dans des contestations qui se sont élevées entre eux, au cours même de l'Exposition, sur la priorité de telle ou telle amélioration introduite dans leur industrie. Nous n'avons à juger que les produits eux-mêmes.

M. H. Vergne, comme à l'Exposition universelle de 1878, nous a paru mériter la seule médaille d'argent que nous ayons proposée, par l'excellence de sa fabrication. Il est parvenu à donner à ses sondes et à ses bougies tous les degrés voulus de souplesse et de solidité; il nous a montré des sondes plus flexibles que les sondes en caoutchouc elles-mêmes.

Dans ses sondes à courbure fixe, béquilles, bicoudées ou à bout olivaire, il diminue en certains points la consistance du tissu de manière à lui donner plus de flexibilité au niveau des courbures, à faciliter l'engagement du bout et à diminuer les chances de fausses routes. Le fini des instruments qu'il produit et le soin apporté à la confection de leurs moindres détails, yeux, olives, extrémités en entonnoir ou en godet des instillateurs, méritent toute espèce d'éloges. Comme inventions récentes, nous avons à signaler ses bougies filiformes à fil de zinc intérieur permettant de leur donner toutes les formes et particulièrement la forme en baïonnette, ses bougies filiformes collodionnées en baïonnette, les bougies remplies de plomb de chasse pour leur donner plus de résistance, ses instillateurs, et, comme instruments en caoutchouc, ses sondes en caoutchouc vulcanisé forme béquille.

MM. Albert POTIER, Eugène RONDEAU (maison Delamotte), EYNARD et RICHEFEU nous ont paru mériter des médailles de bronze.

Le dernier de ces exposants nous a soumis des sondes qui, mises à l'étuve pendant plusieurs heures à une température de 80 degrés par M. Nocard, en sont ressorties en parfait état, nullement altérées ni collées les unes aux autres, quoique la cire dont elles étaient armées eût fondu. M. Rondeau a présenté des modèles de sondes béquilles et bicoudées d'une très grande souplesse et d'une surface extrêmement douce et lisse. Les produits de ces maisons nous étaient d'ailleurs bien connus par l'emploi journalier que plusieurs d'entre nous en font depuis un temps fort long. M. Vergne, en particulier, est adjudicataire des fournitures pour les hôpitaux depuis de longues années, et nous ne craignons pas de dire que ses produits n'ont jamais donné lieu à aucune réclamation.

VII

INSTRUMENTS D'OPTIQUE, D'OCULISTIQUE ET DE PRÉCISION.

Plusieurs des constructeurs qui appartiennent à cette catégorie exposaient dans d'autres classes. C'est ainsi que M. NACHET, qui expose dans notre salle ses microscopes et le matériel accessoire, était hors concours comme faisant partie du jury pour la classe 15. Nous ne dirons rien de son exposition : le nom seul de sa maison et les distinctions qu'elle a reçues à un grand nombre de concours et d'expositions indiquent suffisamment le rang qu'elle occupe et l'estime que mérite sa fabrication.

M. E. GIROUX, successeur de P. Roulot, et M. A. CRÉTÈS ont été proposés par nous pour des diplômes de médailles d'or.

Nous avons été frappés du nombre d'instruments nouveaux présentés par M. GIROUX : parmi ceux-ci nous indiquerons ses ophtalmoscopes et spécialement ses ophtalmoscopes à réfraction, particulièrement celui du docteur PARENT; le chromatophotophomètre de MM. COLLARDEAU, IZARN et du docteur CHIBRET; différents optomètres, entre autres celui du docteur PARENT; la collection des yeux de MM. BADAL, LANDOLT, PANAS, PARENT; la lunette d'essai du docteur CHIBRET, et tant d'autres instruments d'une utilité reconnue dans la pratique et dans l'enseignement ophtalmologique. Nous ne saurions les mentionner tous, indiquer les progrès réalisés dans leur construction, non plus insister sur leur usage sans entrer dans la considération sur l'état actuel de l'oculistique et sur les développements qu'ont reçus dans ces dernières années cette science et les branches qui y sont attenantes.

La maison CRÉTÈS, nous devons l'avouer, nous a paru moins riche en productions nouvelles; à part quelques planches et quelques appareils schématiques, nous n'avons rien trouvé de fort nouveau dans son exposition, et il nous a fallu tout le désir que nous avions de ne pas voir déchoir de son rang une maison très anciennement et très honorablement connue pour lui conserver la médaille d'or qu'elle avait eue en 1878.

La Société des lunetiers, fondée en 1849, dont MM. Okermans, Poircuitte et Alépée sont les gérants, est une association solide et prospère, bien connue de tout ce qui se rattache à la fabrication des verres et des instruments d'optique. Nous n'avons pas à juger son histoire, son but moral, ses statuts, les importants résultats qu'elle a obtenus comme société coopérative; nous n'avons même à estimer qu'une partie et une faible partie de ses produits, car elle expose également, dans la classe 10, des articles de dessin; dans la classe 15, sa lunetterie, ses instruments d'optique et de mathématiques, et, dans la classe 40, des ouvrages de tabletterie et des jeux de société. C'est même à la classe 15 que se trouvait la meilleure partie de son exposition, celle pour laquelle elle doit recevoir une récompense plus importante que celle que nous pouvions lui donner à la classe 14, où elle exposait surtout des verres, des systèmes de lorgnon et de pince-nez et d'autres articles de même nature. Sa fabrication restreinte à ce genre très limité de produits, du moins pour ce qui nous concerne, nous a néanmoins paru excellente, et nous lui avons réservé une médaille de bronze.

Nous avons proposé un diplôme de mention honorable à MM. Choquart et Peuchot, qui nous ont montré quelques instruments ingénieux et nouveaux, optomètres et ophtalmoscopes, et des verres pour kératocones de M. de Wecker, d'une bonne fabrication.

VIII

PROTHÈSE OCULAIRE.

La fabrication des yeux artificiels ne paraît pas avoir fait grand progrès depuis la dernière Exposition universelle : les fabricants qui exposaient dans notre classe ne nous ont du moins rien montré de bien nouveau ni comme produits ni comme moyens de fabrication. Il paraîtrait même que certains d'entre eux, au dire de leurs concurrents, auraient exposé identiquement les mêmes objets qu'en 1878. Nous n'avons pas à contrôler ces assertions, mais il est certain que ces industriels, tous parents, alliés, élèves ou descendants à un titre quelconque d'un même fabricant, Boissonneau père, n'ont guère fait que continuer les traditions de la maison que celui-ci avait fondée.

Nous nous bornerons à énumérer les récompenses par lesquelles nous avons cru devoir encourager une branche de l'industrie qui paraît avoir dit son dernier mot.

Médailles de bronze à MM. Coulomb-Boissonneau et fils; Coulomb (G.-H.), successeur de A.-P. Boissonneau.

Mentions honorables à M. Robillard (Eugène-J.-D.), ancienne maison A. Boissonneau père; M. Schoen (J.-B.), à Bâle (Suisse), a obtenu une mention honorable.

Un certain nombre de ces fabricants exposaient en outre la représentation en cristal des diverses lésions pathologiques de l'œil. Il ne nous a pas semblé que ces pièces, dont la ressemblance laisse souvent beaucoup à désirer, méritassent l'enthousiasme qu'elles paraissaient inspirer à leurs auteurs.

IX

PROTHÈSE DENTAIRE ET FACIALE. — ART DENTAIRE.

En abordant l'exposition de l'art dentaire, le jury s'est trouvé aux prises avec des difficultés tenant à la nature même des objets qu'il lui fallait juger. Les progrès réalisés dans l'art du dentiste et qui concernent presque tous la prothèse ne peuvent être appréciés que par leurs applications; ce ne sont pas les produits fabriqués qu'exposent à proprement parler les dentistes : ce sont des faits de pratique qu'ils présentent et qui sont appuyés sur des observations; or le jury n'a aucune compétence pour porter un jugement sur cet ordre de questions, dont l'examen est bien plutôt du ressort des corps savants et des académies. Le Comité d'admission, préoccupé déjà de cette situation, avait hésité quelque temps à recevoir les dentistes pratiquants dans la classe 14, mais, entraîné par l'exemple des expositions précédentes, il avait fini par céder et par consentir à leur admission.

Le jury, en raison des frais considérables supportés par ces exposants, et de la somme importante de travail et de progrès que représentait leur exposition, n'a pas cru pouvoir se dessaisir de leur examen : il a pensé que les dentistes, admis au même titre que tous les exposants, avaient droit comme eux aux récompenses. Il n'en exprime pas moins le vœu que, dans les expositions universelles futures, l'art et la pratique dentaires soient séparés des métiers et des industries qui prêtent leur concours aux sciences médicales, pour être directement rattachés à ces sciences et, comme tels, jugés par les corps savants, seuls compétents sur les questions d'ordre scientifique.

On va juger, par ce qui va suivre, de la confusion d'attributions où l'on éviterait de tomber de la sorte : en abordant l'examen de cette remarquable partie de notre exposition, nous allons être entraînés à discuter non plus sur la valeur des produits, mais sur des résultats opératoires et sur des questions même de doctrine d'un jugement bien autrement difficile que celui des objets matériels, des produits fabriqués sur lesquels s'exerçait d'ordinaire son examen.

A la tête de l'exposition des produits de l'art dentaire se trouvaient deux exposants : M. Claude MARTIN, de Lyon, et M. A. PRÉTERRE. Le jury a accordé au premier un grand prix; au second, une médaille d'or.

M. Claude MARTIN exposait d'abord tout un système de restauration buccale auquel il a donné le nom de *prothèse immédiate* et dont voici le principe :

Frappé des déformations qu'entraîne la réparation des pertes de substance causée par la résection des maxillaires et de la difficulté qu'on éprouve souvent, après la cicatrisation, à lutter contre les difformités acquises de la sorte, et à restaurer l'apparence de la face et les fonctions des mâchoires au moyen d'appareils prothétiques tardivement appliqués, M. Martin a eu l'idée, aussitôt après l'opération, d'appliquer un appareil prothétique provisoire qui, en tenant la place des parties dont on avait fait l'ablation, empêchât ces déformations consécutives de se produire jusqu'à ce que la cicatrisation fût complète et qu'on pût fabriquer et faire porter un appareil définitif.

C'est cette idée dont M. Claude Martin s'est étudié à trouver la solution et à perfectionner l'application, en construisant avec une ingéniosité remarquable des pièces en caoutchouc pur, durci, fixées sur les parties restantes du squelette par des crochets et même par des vis en or, en platine ou en acier étamé. Ces pièces sont préparées avant l'opération; on leur donne des dimensions plus étendues que celles de la perte de substance qu'on fera subir au malade, afin de pouvoir, en les rognant, les réduire exactement au volume qu'elles doivent avoir.

Un dispositif ingénieux permet de les faire traverser par des courants de solution antiseptique, car il ne faut pas perdre de vue qu'elles sont fixées dans une plaie toute récente et rivées même en quelque sorte dans le squelette avoisinant par les vis dont elles sont pourvues.

Une fois l'opération pratiquée, l'appareil prothétique est mis en place et laissé jusqu'à la cicatrisation complète, puis seulement alors remplacé par un appareil prothétique définitif, de forme et de dimensions à peu près semblables.

Telle est la conception théorique ingénieuse, séduisante, que le jury a cru devoir encourager en proposant un grand prix à M. Martin. En le faisant, il s'est laissé guider par les témoignages unanimes des chirurgiens lyonnais, affirmant l'efficacité pratique du système nouveau de prothèse, bien plus que par l'examen des moulages et des planches assez difficiles à interpréter, et des malades que M. Martin lui a présentés à l'appui de sa méthode. Celle-ci même est passible de bien des objections : les déformations que M. Martin veut chercher à éviter sont-elles si constantes et si rebelles qu'il le pense? les empêche-t-on de se produire d'une manière certaine par la prothèse immédiate? Celle-ci est-elle aussi innocente qu'il le dit? n'a-t-elle pas ses dangers et ses inconvénients? Est-il certain, en un mot, que de deux opérés ayant subi, dans des conditions identiques, la même perte de substance et traités l'un par la prothèse immédiate et l'autre par l'application d'un appareil tardif, le premier, au bout d'un ou deux ans, présentât un résultat bien supérieur au second au double point de vue de la forme et de la fonction?

Ces questions, le jury ne pouvait les résoudre par son expérience personnelle; il lui fallut s'en remettre à l'avis de gens éminemment compétents, ayant suivi pendant de longues années les essais de M. Martin, comme l'a fait le professeur Ollier, et croire sur leur parole que l'idée remarquablement ingénieuse de M. Martin était susceptible d'une réalisation pratique fructueuse, et constituait ainsi un grand progrès dans une branche importante des sciences médicales.

La prothèse immédiate et les pièces qui s'y rattachaient ne constituaient pas du reste à elles seules toute l'exposition de M. Martin; il fallait y joindre un grand nombre d'autres inventions, toutes ingénieuses, mais portant toutes aussi le même cachet de complication. Sans parler des petits sacs en caoutchouc destinés à remplacer une partie de la langue, et qui ne seront jamais d'une application pratique, mentionnons un système de restauration de la charpente du nez au moyen de tiges métalliques implantées et laissées à demeure dans les os de la face, ses appareils destinés à redresser les ailes du nez, le lobule, la cloison; inventions d'une portée très discutable, mais toujours intéressantes. Sur un point, cependant, M. Martin s'attribue un mérite qui ne lui appartient pas : c'est quand il pense avoir été le premier, ou peu s'en faut, à poser un nez artificiel sans l'aide de lunettes; il fait remonter son premier essai à 1876 : or dès 1874, M. L. Goldenstein présentait à l'Académie de médecine un appareil prothétique qu'il avait fait d'après ce principe pour une malade qui avait subi une destruction étendue des téguments de la face. Bien longtemps auparavant, en 1863, M. Préterre avait déjà produit à la Société de chirurgie des nez artificiels construits sur ce mode dont il paraît avoir été l'inventeur. Quoique ces questions de priorité aient moins d'importance qu'on ne leur en attribue, il convient de faire remonter le mérite d'une invention nouvelle à celui qui en a le premier conçu l'idée et réalisé l'application.

En somme, par cette haute distinction, le jury a voulu récompenser chez M. Claude Martin une existence de travail assidu, de recherches et, ce qui est bien quelque chose en matière de prothèse, une idée nouvelle.

L'exposition de M. A. Préterre présente, elle aussi, un intérêt de premier ordre mais avec un caractère bien différent; depuis son magnifique musée de restaurations buccales, commencé pendant les guerres de Crimée et d'Italie, continué dans les hôpitaux de Paris, jusqu'aux obturateurs pour division de la voûte palatine, tout est chez lui d'une merveilleuse simplicité. Ses obturateurs, particulièrement, qui tiennent sans prendre un point d'appui sur les dents, que rien ne peut ébranler et que le malade cependant enlève quand il le veut du bout de sa langue, l'emportent en solidité et en simplicité sur tous les appareils de même ordre. Rappellerons-nous que M. Préterre a été l'un des premiers à introduire en France les procédés d'aurification jusqu'alors inconnus, faisant pénétrer l'or sous ses diverses formes dans les cavités dentaires les plus profondes pour l'y fixer solidement; qu'il a fondé et dirigé à lui seul pendant trente-trois années le recueil périodique le plus complet qui traite des matières concernant l'art dentaire; qu'il a, le premier en Europe, fait connaître l'emploi du protoxyde d'azote, et qu'il en a vulgarisé l'application aux opérations dentaires; qu'il a le premier indiqué l'importance des soins donnés à l'orthophonie et à son enseignement chez les sujets atteints de division de la voûte palatine? Nous ne mentionnons encore qu'une partie de ses titres, dont le principal, à notre sens, est d'avoir montré qu'en prothèse buccale c'est par les moyens les plus simples qu'on obtient les meilleurs résultats.

Après avoir passé en revue l'exposition de MM. Claude Martin et Préterre, il ne nous reste que peu de chose à dire des autres dentistes. M. Knouschtchoff a exposé à la section russe une collection intéressante d'instruments et de pièces de prothèse. Il y a joint des ouvrages dont nous n'avons pas à apprécier le fond, mais qui sont complets et d'une facture soignée; il nous a paru mériter une médaille de bronze.

Nous avons décerné des mentions honorables à MM. Friedriech (Hollande) et Ramirez (Brésil) qui nous ont présenté des spécimens de pièces prothétiques solides et d'une facture soignée.

Nous n'avons pas cru devoir mentionner un très grand nombre d'autres dentistes, français et étrangers, qui, bien qu'exposant des pièces de fabrication courante assez satisfaisantes, ne nous ont présenté aucun article nouveau ou s'élevant au-dessus du commun pour des qualités particulières. Le jury s'est particulièrement montré sévère pour le système de pièces dit *travail à barre et à ponts,* système actuellement assez en honneur, mais qui lui paraît avoir le grand inconvénient de compromettre les dents saines pour faire tenir des pièces artificielles dont on peut assurer la fixation par tant d'autres moyens.

X

FOURNITURES POUR DENTISTES.

Quoique ce genre d'industrie forme une partie importante de notre exposition, nous pourrions être bref sur son compte.

Bon nombre d'exposants nous ont présenté des appareils de même ordre : fauteuils pour dentistes, à pompes ou à manivelle, avec les accessoires, têtières, supports divers, — tours, machines à fraiser, machines à vulcaniser, moufles et leurs accessoires, d'une part; — de l'autre, les instruments les plus variés pour l'extraction, l'aurification et les diverses opérations dentaires, ainsi que des dents artificielles, l'or et les amalgames pour plombages, les miroirs et les porte-empreintes.

Trois de ces maisons ont obtenu des médailles d'argent : M. J. Wirth, d'abord, pour la fabrication de ses fauteuils simplifiés à bon marché, et pour un système de machines à vulcaniser qui permet de retirer et de remettre les moufles dans l'appareil sans en interrompre le fonctionnement. La maison Heymen, fondée en 1834 par le docteur A. Billard, a obtenu le même prix pour la multiplicité et la bonne qualité de ses fournitures, qui comprennent tous les articles employés par les dentistes dans leur art; il est vrai que plusieurs de ces articles ne sont pas de fabrication française, et que les dents minérales qu'elle livre à la consommation sont achetées par elle en Angleterre. Le jury n'a jamais eu l'intention d'encourager la fabrication française au détriment et à l'exclusion de la fabrication étrangère; il a bien au contraire senti le devoir strict qui lui incombait de récompenser équitablement le progrès dans l'exécution et la bonne qualité du produit, de quelque source qu'ils provinssent; il peut même se rendre le témoignage qu'il s'est en général montré plus indulgent et plus facile pour

les expositions appartenant aux sections étrangères, en raison des difficultés maté-
rielles et des conditions défavorables de toutes sortes avec lesquelles les exposants
étrangers avaient eu à compter; mais il avait le droit et le devoir de s'enquérir de
l'origine des produits qui lui étaient soumis, et de ne pas récompenser un exposant
français pour des matières dont il n'était que l'entrepositaire, comme s'il les eût fabriquées dans sa propre maison. Cette considération nous a fait hésiter quelque temps
avant de mettre la maison Heymen-Billard sur le même rang, au point de vue des
récompenses, que celle qui la précède.

Enfin, M. Bergstrom a obtenu une médaille d'argent pour un tour à volant qui em-
magasine en quelque sorte le mouvement, et continue à tourner et à actionner les
instruments par sa vitesse acquise longtemps après qu'on a cessé d'en faire jouer les
pédales.

Dans la même catégorie d'exposants, nous avons donné des médailles de bronze à
M. Nicoud, pour ses appareils et particulièrement pour un porte-tablettes perfectionné,
d'un mouvement très doux et d'un maniement commode.

MM. Contenau (Charles-A.) et Godard fils ont eu également une médaille de bronze
pour la très bonne qualité de leur or sans alliage de platine pour aurifications; pour
leurs ressorts caoutchoutés pour dentiers, et pour une fraise électrique.

Nous avons proposé pour des mentions honorables M. Friese, fabricant de dents
françaises, de dents à pivot, de couronnes, de tampons en porcelaine et d'émail plas-
tique, et M. Claise, fabricant de dents minérales.

XI

INSTRUMENTS DE LABORATOIRE, MATÉRIEL DE DÉSINFECTION
ET DE RECHERCHES BACTÉRIOLOGIQUES.

Dans cette catégorie d'exposants, nous trouvons tout d'abord MM. Paul Rousseau
et Cie, l'importante maison de produits chimiques mise hors concours par la nomina-
tion de M. Paul Rousseau au jury de la classe 45. Elle se bornait à exposer dans notre
classe quelques instruments pour les laboratoires de microbiologie et de chimie biologique, le plus grand nombre de ses produits appartenant à un autre groupe.

Parmi les appareils qu'elle exposait à la classe 14, nous citerons un filtre simple
pour stériliser les liquides à froid, l'étuve à air chaud de M. Chantemesse, un bain-
marie pour la stérilisation du sérum, l'étuve de M. d'Arsonval pour stériliser ce même
liquide, l'autoclave de M. Chamberland permettant de stériliser les bouillons dans la
vapeur à 100 et 115 degrés, enfin bon nombre d'instruments mis en usage dans les
laboratoires de MM. les professeurs Cornil et Gautier.

Sous le nom d'*uréo-carbonimètre*, M. le professeur Ball a exposé dans nos vitrines
un ingénieux appareil destiné à doser soit l'acide carbonique contenu dans un mélange

d'air, soit l'urée contenue dans l'urine. Cet appareil fort ingénieux, et dont l'emploi présente de nombreuses applications à la pathologie clinique et expérimentale, est d'une construction trop complexe pour qu'on puisse en comprendre le fonctionnement sans l'avoir sous les yeux ou sans qu'une figure facilite sa description : il se compose essentiellement d'un appareil en verre destiné à absorber l'acide carbonique ou à faire dégager l'azote, et d'un appareil mesureur en métal destiné à montrer la quantité d'acide carbonique absorbé ou d'azote dégagé dans le cas d'analyse d'urine. Nous nous bornons à donner cette simple indication, renvoyant pour plus de détail aux publications de M. le professeur Ball sur ce sujet. M. Ball, en exposant, a voulu seulement enrichir notre exposition du contingent de ses travaux, et il a formellement déclaré, tout en se soumettant à l'examen du jury, ne vouloir concourir pour aucune espèce de récompense. Le jury lui adresse ici l'expression de sa sincère gratitude pour sa précieuse collaboration non moins que pour son généreux désintéressement.

L'intérêt principal qui s'attache à cet ordre de produit devait naturellement porter plus particulièrement sur l'instrumentation des laboratoires consacrés aux recherches de bactériologie et de chimie biologique. Nous avons trouvé celle-ci représentée au grand complet dans la magnifique exposition d'une maison à laquelle, en raison des progrès qu'elle a réalisés dans ces dix dernières années, nous avons décerné à l'unanimité et sans aucune hésitation une médaille d'or.

Énumérer les instruments et les appareils qu'a produits la maison Wiesnegg ne pourrait suffire qu'à donner une idée de leur variété et des recherches sans nombre en vue desquelles ils ont été construits. Rappelons que c'est de chez M. Wiesnegg qu'est sortie l'instrumentation presque complète de l'Institut Pasteur et de la plupart de nos grands laboratoires du Collège de France, de la Faculté de médecine, de la Faculté des sciences, de l'École normale supérieure; qu'il fournit aux salles d'opérations de nos hôpitaux les étuves, les stérilisateurs, les autoclaves qui sont devenus une partie essentielle de notre matériel de désinfection. Tous ces appareils construits et vérifiés avant leur livraison, avec un soin qui en fait de véritables instruments de précision, sont néanmoins fournis à des prix peu élevés. Je donnerai comme exemple de ce qu'on peut obtenir en pareille matière le stérilisateur Poupinel, étuve spécialement construite pour la désinfection des instruments de chirurgie, et où un régulateur automatique à mercure entretient indéfiniment une température constante. Parmi les appareils d'expérimentation physiologique les plus intéressants, citons encore le calorimètre à siphon du professeur Ch. Richet, composé de deux serpentins tubulaires en cuivre, disposés en forme d'hémisphères dans lesquels on enferme l'animal en expérience. L'air qui remplit ces serpentins, en se dilatant, pénètre dans un vase clos rempli d'eau auquel le serpentin se relie par un tube en caoutchouc; la pression exercée par l'air sur la surface du liquide en fait écouler une quantité correspondante à la dilatation qu'il a subie, dans une éprouvette graduée où l'on mesure la quantité d'eau écoulée et, par conséquent, la dilatation subie par l'air du serpentin.

Mais je m'aperçois que je me laisse aller à des descriptions dont l'étendue dépasserait beaucoup l'espace que je puis consacrer à ce sujet; bornons-nous donc à cette seule mention, en rappelant encore à ceux qu'intéresse le grand mouvement qui entraîne la science moderne vers les études microbiologiques la part qu'a eue M. Wiesnegg dans le perfectionnement des moyens de recherches qui ont conduit à tant de merveilleuses découvertes.

Nous avons donné une médaille d'or à M. J.-B. Simon (de Bruxelles) pour un appareil de clinique médicale comprenant :

1° Un spiropneumatomètre et un dynamomètre donnant simultanément : la capacité vitale des poumons, le rapport pneumatique des forces respiratoires, le rapport dynamique des forces musculaires;

2° Un thoracomètre et une bascule-toise, pour les proportions du thorax, la taille et le poids du corps en rapport avec les données qui précèdent;

3° Un analyseur de l'air respiré;

4° Un appareil de gymnastique, pour exercer et régler les mouvements musculaires et respiratoires.

Quoique les appareils destinés à donner des indications aussi multipliées et aussi diverses pèchent en général par excès de complication, celui de M. Simon nous a paru devoir être d'une application utile à l'examen physiologique et médical soit en clinique, soit dans les conseils de revision ou de réforme, ou encore pour les compagnies d'assurances sur la vie qui recueillent avec soin ces données et les comparent pour apprécier la viabilité de leurs futurs clients.

Une médaille d'argent a été décernée par nous à M. le professeur Eternod (de Genève) pour l'ingénieuse installation de son laboratoire d'études histologiques et pour l'invention de plusieurs instruments utiles; signalons son armoire à préparations microscopiques; sa planche à dessin pour les laboratoires d'histologie; son tour horizontal et ses microtomes pour la confection des coupes microscopiques; enfin le curieux dispositif d'appareil de photographie microscopique au moyen duquel il a recueilli des clichés remarquables sur plusieurs sujets d'histologie et d'embryologie. M. Eternod nous a également envoyé un certain nombre de ses publications scientifiques pour lesquelles nous lui adressons nos remerciements, bien qu'elles ne doivent pas entrer en ligne de compte dans l'appréciation des récompenses.

MM. Yvon et Berlioz ont également mérité une médaille d'argent pour l'installation de leur laboratoire destiné à l'examen microscopique et à l'analyse des urines; citons, entre autres instruments, leur spectroscope plongeant pour la recherche de l'urobiline, et leur appareil photographique pour l'examen microscopique des sédiments de l'urine et de toute espèce de liquides organiques; mentionnons aussi leur matériel pour les cultures microbiennes et pour les recherches bactériologiques.

Nous avons donné une médaille de bronze à M. Egli-Sinclair (de Zurich), pour ses appareils à stérilisation pour le lait, et à un Russe, M. le docteur Forstetter qui, arrivé à Paris bien après la clôture de nos opérations, a néanmoins été déféré à notre examen par M. le directeur général. M. Forstetter a construit un certain nombre d'appareils ingénieux, entre autres un microbiomètre destiné à déterminer la nature et la proportion des microbes renfermés dans l'air.

Signalons encore, dans l'exposition de ce dernier, un appareil de gymnastique médicale trop compliqué, et un instrument assez ingénieux destiné à couper et à retirer les points de suture métallique profonds.

M. Ulmann (de Zurich) a reçu une mention honorable pour un dynamomètre destiné particulièrement aux usages médicaux et physiologiques.

XII

MATÉRIEL DES INSTITUTS VACCINAUX.

L'efficacité bien constatée de la vaccination animale, sa supériorité incontestable sur la vaccination de bras à bras au point de vue de son innocuité et des garanties qu'elle présente contre la transmission d'autres maladies, a fait éclore dans ces dernières années un grand nombre d'institutions dont le but est de développer la vaccine animale, d'en récolter le vaccin et de le propager pour la vaccination humaine. Ce sont ces institutions dont nous avions à inspecter le matériel, contrôlant les précautions prises pour assurer la bonne qualité et la parfaite conservation du vaccin.

La France n'était pas représentée à notre Exposition, dans cette catégorie de produits; il n'est pas sans intérêt cependant de rappeler que c'est de la France qu'est parti, il y a plus de vingt ans, le mouvement en faveur de la vaccination animale, dont nous suivons avec intérêt le développement.

Plusieurs récompenses, quelques-unes importantes, ont été proposées par nous, de ce chef, pour des établissements étrangers.

Une médaille d'or a été attribuée à l'Institut vaccinal suisse de Lancy, établissement reconnu, subventionné et contrôlé par l'État. Il a pour but de cultiver, de récolter, de conserver et de fournir à toute époque du vaccin animal, *cow pox,* pur, efficace et garanti. Son vaccin est le *cow pox* spontané, cultivé de veau à veau sans rétro-vaccination; il n'offre aucun des dangers inhérents à la vaccination de bras à bras. Les animaux sont choisis avec un soin particulier, et le vaccin n'est livré qu'après que les organes de l'animal abattu ont été examinés officiellement par un médecin nommé par l'État et reconnus parfaitement sains. Grâce à cette précaution, tout danger de transmission de tuberculose ou d'autre maladie inhérente aux animaux est écarté. La préparation et la conservation se font suivant la méthode de Haccius, dont les résultats sont affirmés par la statistique qui, en 1886, donne avec la pulpe 99 p. 100 de réussite pour les vaccinations, et 66 p. 100 pour les revaccinations. Envoyé dans les pays les plus éloignés, au sud de l'Afrique, aux Antilles, en Perse, ce vaccin a donné des résultats si favorables, qu'on peut dire qu'il offre, au point de vue de sa conservation et de son efficacité, une sécurité complète.

L'Office vaccinogène militaire d'Athènes a obtenu une médaille d'argent : là encore les précautions les plus minutieuses sont mises en usage pour assurer la bonne qualité et la conservation du vaccin. Les animaux qui doivent servir à l'inoculation ont été soumis au préalable à un examen vétérinaire; ils sont âgés de 2 à 4 mois, du poids d'au moins 70 kilogrammes. L'inoculation se fait par la méthode des incisions au moyen du vaccin pulpe glycériné : l'animal inoculé est ramené à l'étable à une température constante de 18 degrés et nourri par sa mère. La récolte du vaccin se fait le cinquième ou le sixième jour; on recueille isolément la lymphe de la pulpe : après la récolte du vaccin, l'animal est sacrifié pour être soumis à l'autopsie; le vaccin n'est utilisé, cela va sans dire, que si le résultat de cette dernière est négatif.

Le vaccin est délivré à l'état de pulpe glycérinée au tiers, de vaccin pulpe constitué par le mélange de pulpe brute et de parties égales de glycérolé d'amidon, et de vaccin liquide ou lymphe additionnée de glycérine pure et d'un dixième de pulpe brute; enfin le vaccin sec est livré, soit en poudre, soit sur des pointes d'ivoire trempées dans du vaccin liquide, séchées et enduites d'une solution de gomme. C'est au vaccin pulpe bien entendu que l'on doit donner la préférence.

L'établissement de M. Maurice Hay (de Vienne) nous a également paru digne de recevoir une médaille d'argent. Fondé en 1873, en Galicie, il a depuis été transporté à Vienne, où il est placé sous le contrôle de l'autorité sanitaire, et il reçoit depuis 1879 une subvention de l'État, moyennant l'engagement de fournir gratuitement la lymphe animale pour les vaccinations publiques, les vaccinations d'urgence, ainsi que pour les essais faits dans un but scientifique.

Les vaccinations se font à l'établissement, soit directement du veau, soit au moyen de vaccin conservé liquide ou à l'état sec. Pendant toute la durée de l'évolution vaccinale, les veaux restent soumis à une surveillance vétérinaire, mais ils ne sont sacrifiés et soumis à l'autopsie que si quelques symptômes de maladie font craindre qu'ils ne soient pas absolument sains.

Le chiffre des vaccinations faites annuellement à l'établissement s'est élevé, de 1879 à 1887, de 546 à près de 1,200. Le nombre de tubes et d'épingles livrées pour la vaccination publique dans le même temps est monté de 1,115 à 5,242, et pour la vaccination privée de 4,314 à 15,676.

L'Impfanstalt de M. Hay nous a présenté, outre les plans et photographies de ses locaux, la collection complète et en très bon état de son matériel et de ses instruments, et le tarif de ses prix. De l'examen de ces diverses parties de son exposition se dégage une impression très satisfaisante.

Les détails un peu longs où nous venons d'entrer nous dispensent de nous étendre davantage sur certaines autres expositions de matériel et de produits vaccinaux, expositions intéressantes du reste et auxquelles nous avons décerné des médailles de bronze : tels sont l'INSTITUT VACCINAL du docteur PEISI, de Turkeve (Hongrie); celui de M. José MACAYA (de Barcelone), et le QUINTA NORMAL DE AGRICULTURA, à Santiago (Chili). Ce dernier pays expose la collection du matériel de l'INSTITUT DE VACCINE ANIMALE pour le virus charbonneux (procédés de M. Chauveau).

Somme toute, dans cette partie de notre exposition, nous avons trouvé l'indice d'un mouvement fort intéressant en faveur de la vaccination animale, mouvement auquel les faits récents, communiqués à l'Académie de médecine, vont donner une nouvelle impulsion et qu'on ne saurait trop encourager.

XIII

PRODUITS ANTISEPTIQUES.

Nous arrivons à une classe de produits pour laquelle il nous sera permis d'être brefs; le jugement que nous avons porté sur la fabrication des matières antiseptiques et du matériel de pansement en général, a été fondé non sur un examen plus ou moins superficiel de quelques produits, mais sur une pratique de tous les jours et s'étendant sur un grand nombre d'années, pratique au cours de laquelle nous avons pu expérimenter chacune des matières qui ont été soumises à notre examen et déterminer sa valeur.

Née d'hier, la fabrication des produits antiseptiques a pris un développement considérable; elle est représentée actuellement par plusieurs maisons dont quelques-unes ont un chiffre d'affaires fort élevé et emploient un grand nombre d'ouvriers. En outre, certaines industries se sont formées pour la confection de matières spéciales, telles que le catgut, les éponges préparées, la laminaire.

Nous avons proposé une médaille d'or pour la FABRIQUE INTERNATIONALE D'OBJETS DE PANSEMENT, de Montpellier, dont le directeur est M. Challandes. Cette fabrique, qui était la succursale de l'établissement de Schaffhouse, a été représentée à tort par ses compétiteurs comme étant une maison allemande.

Nous avons donné deux médailles d'argent à MM. DESNOIX et Ed. FROGER (de Saint-Remy, Calvados), dont les produits nous ont également paru des plus satisfaisants; sur la demande de M. Froger, nous avons décerné une médaille de bronze, comme collaborateur, à M. PECCATE, pharmacien à Paris, qui donne aux substances fabriquées par M. Froger leur préparation antiseptique.

Une troisième médaille d'argent a été donnée par nous à l'importante maison SEABURY et JOHNSON (de New-York) pour la fabrication de ses emplâtres, de ses agglutinatifs, de ses bandes adhésives qui possèdent des qualités exceptionnelles. Cette même maison expose des savons médicamenteux, des substances et préparations antiseptiques et une quantité d'articles de pansement, parmi lesquels nous avons remarqué des bandes en tissu élastique de très bonne fabrication.

Des médailles de bronze, dans la même catégorie d'exposants, ont été attribuées :

A M. le docteur REDON, pour sa ouate de tourbe, que l'on a depuis lors vulgarisée, contrefaite et modifiée d'une manière peu avantageuse en la mélangeant à d'autres produits;

A M. BOUSSENOT (de Lyon), pour le magnifique assortiment d'éponges préparées de toute sorte qu'il nous a montré;

A M. O. BING, dont le catgut paraît réunir des qualités exceptionnelles de finesse et de solidité;

A M. VANDENBROECK et Cie (de Bruxelles);

A la FABRIQUE SUISSE D'OBJETS DE PANSEMENT, dirigée par M. Russenberger (de Genève);

A M. le docteur CEA (de Valladolid, Espagne), pour la fabrication des diverses pièces de pansement antiseptique, de matières à pansement et de substances analogues. Toutes ces maisons ont une certaine importance, et les produits qu'elles ont exposés présentent les apparences et toutes les garanties d'une bonne fabrication.

XIV

ÉLECTROTHÉRAPIE.

Dans l'examen des appareils électriques soumis à notre examen, nous devions nous attacher principalement, presque exclusivement même, aux progrès de l'instrumentation concernant tout particulièrement l'application de ces appareils à divers buts thérapeutiques. Nous n'avions pas à juger les appareils producteurs d'électricité, ni même les dispositions instrumentales qui permettent de régler, d'interrompre, de modifier, de mesurer l'action des courants de quelque nature qu'ils soient. Une classe était particulièrement désignée pour l'exposition et pour l'appréciation des progrès réalisés dans cet ordre de choses; aussi ne nous arrêterons-nous pas aux améliorations introduites dans la construction des piles, des accumulateurs, des appareils divers d'induction faradique et magnéto-faradique, des commutateurs, des interrupteurs, des galvanomètres. Nous avons néanmoins dû prendre en considération celles de ces améliorations qui, rendant les appareils plus portatifs, plus facilement maniables, étaient, par conséquent, de nature à faciliter l'application de l'électricité aux usages médicaux.

A ce point de vue, les appareils de M. GAIFFE réalisent ce que l'on peut désirer; plusieurs modifications ingénieuses ont été introduites par ce constructeur dans la disposition des interrupteurs, par exemple, modifications nouvelles ayant pour but de régler à volonté la fréquence des interruptions. Signalons également un galvanomètre apériodique de sa fabrication, qui, pouvant servir dans quelque sens qu'on le place, se prête fort bien au transport et par conséquent aux usages médicaux.

Parmi les applications directes des appareils électriques à la thérapeutique, nous mentionnerons tout d'abord les divers modèles de batteries de cabinet servant aux usages médicaux, avec les appareils qui en sont le complément, collecteurs, galvanomètres, rhéostats, etc. Puis un très grand nombre d'appareils spéciaux, tels que les sondes rectales du docteur Boudet de Paris, pour le traitement des occlusions intestinales; la sonde vésicale à manomètre du même auteur pour le traitement des paralysies vésicales; les excitateurs utérins et les hystéromètres, soit en charbon, soit en platine, du docteur Apostoli. M. Gaiffe a également construit, pour M. le docteur Boudet de Paris, un appareil ingénieux destiné à entourer le crâne d'un courant: il est le constructeur de plusieurs audiomètres destinés à étudier la sensibilité des oreilles pour des sons de tonalité très différente; du laryngo-phantome du docteur Baratoux, instrument destiné à apprendre aux médecins à franchir le canal bucco-pharyngien sans toucher ses parois et à porter un instrument en un point du larynx désigné à l'avance. Citons encore l'ingénieuse modification de l'anse galvanique qui permet de régler automatiquement le courant de manière à le maintenir d'intensité constante à mesure que l'anse se resserre. Ces inventions et bien d'autres, qui placent M. Gaiffe au premier rang parmi les constructeurs d'appareils pour l'électrothérapie, ont déterminé le jury à lui proposer une médaille d'or.

Il en a proposé une également pour M. Ch. Chardin qui, depuis 1873, a fait les plus louables efforts pour améliorer le matériel de l'électricité médicale. Comme inventions pratiques qui lui sont propres, indiquons son système de piles à renversement et à déplacement de zinc, pile éminemment portative, et la pile galvanocaustique à circulation, due à la collaboration de MM. Chardin et Boisseau du Rocher; sa pile au sulfate de mercure à flotteurs ou plongeurs est également d'un principe fort ingénieux. Après avoir mentionné un interrupteur automatique d'un modèle nouveau, nous arrivons à la longue série des accessoires de la galvanocaustique, manches interrupteurs avec anses, couteaux, cautères de tous les modèles et pour les usages les plus divers. Enfin M. Chardin nous a montré des appareils d'éclairage électrique d'un emploi commode pour l'inspection de diverses cavités naturelles ou accidentelles. L'exposition de M. Chardin, somme toute, fait honneur à notre installation; nous eussions désiré le voir à un emplacement plus favorable, mais un malentendu, dont le comité d'admission n'était en aucune façon responsable, lui avait fait attribuer d'abord une place des plus restreintes dans la vitrine réservée à la chambre syndicale des instruments de chirurgie, et ce n'est qu'avec beaucoup de difficulté que le comité d'installation a pu lui trouver un local plus en rapport avec l'importance de sa fabrication.

Nous avons regretté de ne pas voir figurer un constructeur important, M. Trouvé, dans nos salles. Exposant à la classe 62, M. Trouvé n'avait pas jugé devoir occuper une place dans la classe de médecine et chirurgie. Quand tardivement il nous fit demander de visiter son exposition à la classe 62, les opérations du jury de la classe 14 étaient terminées, la liste de nos propositions était close et avait été examinée déjà par le jury du groupe II; nous n'avons donc pu, à notre grand regret, comprendre son exposition parmi celles qui faisaient partie de notre classe et la juger comme telle.

Nous avons enfin donné une mention honorable à M. le docteur Frébault fils pour un galvano-cautère servi par des accumulateurs, quoique bien des objections puissent être adressées à l'emploi de cette source d'électricité, qui nécessite le transport d'un appareil fort lourd, presque aussi encombrant qu'une pile à galvanocaustie, et qui perd très rapidement l'électricité qu'il renferme, si bien qu'on n'est jamais sûr du fonctionnement de ces accumulateurs pour un temps suffisant si on n'a pris soin de les faire charger la veille ou le jour même. L'instrument de M. le docteur Frébault est néanmoins d'un principe simple et séduisant, et susceptible de quelques bonnes applications dans la pratique.

XV

GYMNASTIQUE MÉDICALE.

Les appareils exposés par M. J. Burlot nous ont frappés par leur élégance et leur bonne installation. Ses divers modèles de gymnase de chambre à poids gradués permettent, sous un volume très restreint, de pratiquer tous les exercices des membres et du tronc, de mettre en jeu les différents groupes musculaires. Cet exposant nous a également présenté des échelles dorsales pour déviation de la taille, et un appareil plus complexe auquel il donne le nom d'*ascenseur de gymnastique,* ainsi qu'une machine à rotation du genre de celles auxquelles on donne le nom de *vélocipèdes en chambre.* Nous lui avons proposé une médaille d'argent.

M. Guimard, directeur du gymnase médical franco-suédois, expose également de bons appareils, dont une planche orthopédique, pouvant à volonté se transformer en banc à tractions. Ces appareils reposent, pour la plupart, comme ceux fabriqués par M. Burlot, sur le principe de la traction exercée sur des poids que l'on augmente ou diminue à volonté. Nous avons vu encore à son exposition des lacs à deux poignées pour mouvements résistants associés, pratiqués par deux personnes. M. Guimard a été proposé pour une médaille de bronze.

Enfin, M. Carue a obtenu une mention honorable. Le principe de ses appareils, d'ailleurs très bien construits, a été vivement discuté dans le jury. Ils sont fondés en effet sur les tractions élastiques exercées au moyen de cordes en caoutchouc, et il a semblé qu'au point de vue de l'égalité et de la constance de la résistance opposée aux mouvements, les cordes élastiques présentaient une infériorité très manifeste sur les poids, l'effort exercé, correspondant à un poids déterminé, demeurant toujours le même, tandis que la résistance développée par une corde élastique varie avec le degré de tension de cette dernière, suivant la température et surtout suivant que l'appareil est neuf ou déjà fatigué par l'usage.

XVI

BALNÉOTHÉRAPIE ET HYDROTHÉRAPIE.

Les appareils de bains et d'hydrothérapie étaient exposés dans un pavillon spécialement construit à cet effet sur la berge du quai d'Orsay, près de la porte d'entrée de l'Exposition. L'histoire de l'installation de cette partie de notre exposition mérite d'être rappelée en quelques mots.

Les appareils de bains et d'hydrothérapie avaient été rattachés à la classe 14 ; mais on ne pouvait songer à les placer dans les salles du Palais des arts libéraux, tant en raison du défaut de place (et les exposants de cette catégorie réclamaient des emplacements fort étendus en superficie) que parce que les exposants demandaient à faire fonctionner leurs appareils, ce qui supposait un apport d'eau et de gaz incompatibles avec la disposition et le règlement intérieur du Palais des arts libéraux. Aussi avait-on pensé à transporter tout ce qui concernait la balnéothérapie à la classe 64 (hygiène), où elle aurait trouvé, à l'Esplanade des Invalides, les conditions qui lui faisaient défaut au Champ de Mars. Mais la classe 64 s'étant refusée à cette combinaison, M. le Directeur général de l'exploitation réussit à trouver sur la berge du quai d'Orsay, tout près de l'entrée de l'Exposition, entre le pont de la Concorde et celui des Invalides, un emplacement non occupé encore, qu'il nous proposa d'aménager pour cette partie de notre exposition. Aucun crédit n'était prévu à cet effet ; toutefois M. Berger put obtenir de M. le Directeur général des travaux une somme suffisante pour la construction d'un pavillon annexe où seraient installés les appareils en question. Les choses en étaient là, quand le comité d'admission de la classe 64, croyant pouvoir disposer d'un excédent de place, revint sur sa détermination ; aussitôt local et crédits spéciaux reçurent une autre affectation. Bientôt, se ravisant une seconde fois, la classe 64 nous retourna nos exposants, mais cette fois privés des locaux et des fonds que M. le Directeur général nous avait obtenus avec tant de peine. Il fallut encore l'active et obligeante intervention de M. Georges Berger pour que les uns et les autres nous fussent rendus. Les constructions étaient en bon train, quand, un mois environ avant l'ouverture de l'Exposition, une partie des exposants de bains et d'hydrothérapie, pour lesquels le comité d'installation s'était mis en avant dans toutes les démarches qu'il avait dû faire, revint sur les déterminations qu'il avait consenties dans une assemblée de ces exposants, où le comité d'installation les avait chargés de régler eux-mêmes les conditions de leur installation. Les uns se retirèrent ; les autres menacèrent de les imiter si le prix de revient de l'installation n'était pas diminué dans de très notables proportions. Pour arriver à ce résultat, il fallut supprimer l'apport de l'eau et du gaz que ces mêmes exposants déclaraient six mois auparavant être une condition essentielle de leur exposition, et qu'ils jugèrent alors ne plus être d'aucune utilité. Enfin le comité d'installation réussit, avec l'aide de quelques exposants restés fidèles, et principalement de M. PIET, dont nous ne saurions assez louer le dévouement et l'activité, à écarter tous les obstacles, et grâce aux mesures prises par M. Paul Sedille, un pavillon élégant, construit par M. Giroult et décoré par M. Pety notre architecte, put s'ouvrir pour recevoir les appareils de bains et d'hydrothérapie. Ceux-ci y font très bonne figure et l'ensemble de cette annexe de notre exposition est des plus satisfaisants. Dans cette partie qui se rapproche plus du métier que des arts, on ne pouvait attendre beaucoup d'innovations importantes, et les améliorations introduites dans ses produits intéressent plus l'hygiène et le confort domestique que le progrès scientifique; et cependant, outre les qualités de bonne et élégante fabrication que nous retrouvons avec des variétés de prix chez tous nos exposants, nous avons à mentionner avec éloges des inventions et des perfectionnements véritables.

M. Piet, que sa situation de membre du jury pour une autre classe mettait hors concours, est le directeur d'une maison fondée en 1858 par MM. Bouillon, Muller et Cⁱᵉ, sous le nom de «Société d'organisation générale des blanchisseries, lavoirs et bains». Cette maison, qui s'occupe depuis trente ans des appareils de balnéation, d'hydrothérapie et d'hygiène, est à la tête de tous les progrès accomplis dans ces branches. Pour les réaliser, des ingénieurs attachés à cette société n'ont cessé d'étudier avec soin toutes les parties des services hygiéniques, thermaux et médicaux, et de les perfectionner dans leurs détails en recherchant les avis des médecins et des corps compétents. Le résultat obtenu par M. Piet est des plus satisfaisants, et le jury en le constatant a dû formuler le regret que M. Piet ne pût être proposé pour la haute récompense qu'il eût certainement obtenue s'il n'eût été hors concours.

Son exposition est divisée en trois parties, l'une relative à la balnéothérapie, l'autre à l'hygiène, et la troisième à l'hydrothérapie.

Dans la catégorie des appareils de bains, M. Piet présente un chauffe-bains avec baignoire d'un prix très modique; des chaudières à foyer tubulaire pour le chauffage rapide, adoptées par les casernes des sapeurs-pompiers; des chaudières à gaz avec robinet d'arrêt de sûreté, adoptées dans les hôpitaux; des chauffe-linge à gaz et à eau chaude en vapeur multitubulaires, chauffant par rayonnement; des séries de nouveaux modèles de robinets et un tableau des différents systèmes d'alimentation des bains dans les établissements installés par sa maison.

Parmi les appareils d'hygiène, dont l'examen ne nous incombe pas, nous avons remarqué des lavabos en fonte émaillée, des sièges de water-closets en caoutchouc imputrescible, différents systèmes de siphons.

Comme appareils d'hydrothérapie, citons une magnifique et complète installation avec plancher à claire-voie, tribune, mélangeur avec thermomètre à cadran, indiquant la température et la pression de l'eau au sortir de la lance.

Nous ne pourrions énumérer les installations balnéaires que M. Piet a exécutées pour le compte de l'État, de grandes administrations et d'établissements privés importants : qu'il nous suffise de rappeler qu'il est chargé de l'installation des bains de l'hôpital Saint-Louis, des asiles nationaux de Vincennes et du Vésinet, des hôpitaux militaires du Val-de-Grâce, du Gros-Caillou, de Saint-Martin, de Vincennes.

Ne pouvant lui décerner de récompense, nous avons été heureux de pouvoir donner, à titre d'encouragement, une médaille d'argent de collaborateur à M. Alfred DANTIER, ingénieur attaché à sa maison, et une médaille de bronze à M. Casimir PALIES, contre-maître des chaudronneries, tous les deux ayant de longs services dans sa maison.

A côté de l'exposition de M. Piet se trouve une autre exposition qui mérite de fixer l'attention; c'est celle de M. WALTER-LÉCUYER, que nous proposons pour une médaille d'or.

Indépendamment des appareils les plus variés d'hydrothérapie fonctionnant par la pression de l'eau et dont M. Walter-Lécuyer expose une série complète avec de nombreux perfectionnements, cet exposant a inventé des appareils à pression d'air au moyen desquels il est possible d'avoir chez soi une installation hydrothérapique très suffisante; ces appareils sont très simples, peu encombrants, d'un maniement facile et d'un prix peu élevé.

M. Walter-Lécuyer expose également des appareils fixes et mobiles pour le chauffage des bains, des baignoires : tous offrant les mêmes garanties de bonne fabrication.

Ce n'est pas à cette catégorie de produits que se borne la fabrication de cette maison : elle expose en outre, dans la salle commune affectée à la classe 14, des appareils pour inhalations d'air comprimé, d'acide fluorhydrique, d'oxygène et en général pour toutes les inhalations médicamenteuses. Dans ces appareils on peut chauffer l'air inspiré, à volonté; un dispositif spécial permet de charger cet air des principes médicamenteux que l'on veut administrer. Ces appareils nous ont paru devoir se prêter à des applications variées et utiles, et ce sont eux en partie qui ont valu à la maison Walter-Lécuyer la très haute récompense que nous proposons de lui accorder.

Nous ne pourrions sans nous exposer à des répétitions constantes insister sur les autres expositions qui nous ont paru mériter des récompenses dans cette partie de la classe 14. Nous avons décerné une médaille de bronze à M. A. BORDIER, une autre à M. GRODET, successeur de Chevalier.

Indépendamment de la bonne qualité et de l'excellente fabrication des produits courants, qualité qui se retrouve chez la plupart de nos exposants, même chez ceux pour lesquels nous n'avons pu proposer de récompenses, nous avons distingué dans l'établissement de M. Bordier un mélangeur automatique d'un fonctionnement très simple; un petit appareil commode pour douches verticales; un appareil ingénieux pour douches chaudes dans lequel la pression est donnée par l'eau des conduites de la ville.

Nous avons accordé une mention honorable à M. le docteur ROUGEOT pour sa baignoire articulée et pour son thermomètre pour bains.

XVII

ACCESSOIRES DIVERS DU SERVICE MÉDICAL. — COUVEUSES.
BIBERONS.

Une simple mention suffira pour les expositions réunies dans cette catégorie, où nous avons rassemblé les appareils de transport et de suspension pour malades, les articles divers tels qu'irrigateurs, bassins, ustensiles variés, cornets acoustiques, tables, etc., enfin les couveuses et les biberons.

Une médaille d'argent a été proposée pour les ingénieux systèmes de suspension à ressorts compensateurs du docteur DESPRÈS, de Saint-Quentin, pour le transport des blessés. Le propre de ces appareils est d'atténuer, dans des proportions notables, les chocs imprimés aux objets suspendus en opposant une résistance calculée au mouvement de ressaut qui se produit lorsqu'une voiture suspendue franchit un obstacle. M. Desprès nomme *ressort compensateur* le ressort qui limite cette oscillation; il complète l'action des ressorts de suspension. Ces appareils peuvent, d'ailleurs, s'appliquer à divers usages : c'est ainsi que M. Desprès expose, à la classe 61, groupe VI, au Palais des machines, un système pour atténuer les chocs des wagons; qu'il montre, à la classe 65, une couchette maritime destinée à atténuer les secousses de roulis et de tangage. A la classe 14, il nous a présenté : 1° des appareils à quatre ressorts pour suspendre et improviser un brancard; 2° un brancard suspendu sur un cadre; 3° un camion à bras, à brancard mobile; 4° un appareil de suspension de brancards en wagons.

Nous ne mentionnerons que pour mémoire un appareil de traction pour les grosses voitures et un appareil de transport pour les objets fragiles. Le système de suspension de M. le docteur Desprès nous a paru d'une installation aisée, peu encombrant et présentant une réelle efficacité pour atténuer les secousses que peuvent ressentir les blessés dans leur transport.

Nous avons également accordé une médaille d'argent à l'invention d'un confrère, actuellement décédé, le docteur BONNEFOY, qui avait exposé un fauteuil pour malades.

C'est également un fauteuil, exposé par M. FELLENDAELS (Belgique), que nous avons récompensé d'une médaille de bronze. Ce fauteuil, pour l'usage des dentistes, des gynécologistes, des oculistes, est d'un mécanisme commode et présente, sans trop de complication, un grand nombre de transformations.

Nous avons proposé une médaille de bronze pour l'appareil exposé par POMEROY TRUSS COMPANY (New-York). Il se compose d'un fauteuil sur roues, ou plutôt d'une sellette à quatre roues avec barres parallèles pour les mains, surmontées d'un appareil de suspension de Sayre permettant de pratiquer l'extension continue sur la tête et sur les épaules pendant que le malade, debout ou assis, se transporte avec son appareil roulant. Cet appareil est applicable au traitement des déviations et gibbosités vertébrales, surtout de celles qui dépendent du mal de Pott, à celui des arthrites cervicales. Il nous a paru répondre à une indication pratique, celle de permettre au malade de prendre un peu d'exercice tout en restant soumis à l'extension continue.

Nous avons, enfin, donné une médaille de bronze à M. Mauchain, de Genève, pour ses tables à l'usage des malades, tables simples et bien construites.

Des mentions honorables ont été accordées : à M. Dutheil, fabricant de voitures pour malades; à M. Froelich, de Zurich, qui nous a présenté une sorte de cacolet pour le transport des blessés à dos d'homme dans les montagnes; à M. Reinier, fabricant d'articles de crin, brosses, gants, lanières pour frictions; à MM. F. C. Rein and son (Grande-Bretagne), qui exposaient des cornets acoustiques, spécialement des cornets bi-auriculaires habilement dissimulés dans la coiffure; à la maison Brenot, pour ses pulvérisateurs, ses vaporisateurs; enfin, à la maison Tollay fils et J. Leblanc, constructeurs des irrigateurs du docteur Éguisier. Malgré l'importance de la fabrication et du chiffre d'affaires accusés par les documents que nous ont remis ces exposants, nous n'avons pas pensé pouvoir attribuer une plus haute récompense à une industrie qui ne justifiait d'aucun progrès accompli depuis l'Exposition universelle de 1878.

Notre exposition renfermait des couveuses de divers modèles; il est inutile d'insister sur l'importance de ces appareils et sur les services inappréciables qu'ils peuvent rendre, mais il faut reconnaître que la construction n'y a qu'une part restreinte et que la simplicité et le bon marché sont les deux conditions principales que doit remplir une couveuse, celles qui concernent le maintien à une température constante et la bonne circulation de l'air étant tombées dans le domaine public. C'est à la méthode elle-même et aux efforts des éminents professeurs qui ont fait entrer dans nos mœurs et dans la pratique des maternités l'emploi de ces appareils, que nous sommes redevables de la diminution de la mortalité des enfants nés avant terme; aussi n'avions-nous pas à distribuer de récompenses élevées aux constructeurs qui n'ont fait que se conformer à leurs indications. Parmi les exposants d'objets de cette nature, MM. Roullier et Arnoult, de Gambais (Seine-et-Oise), étaient hors concours, l'un d'eux étant membre du jury du concours pour les animaux reproducteurs; un autre, M. Odile Martin, nous a présenté quelque supériorité par la construction de sa couveuse qui possède un revêtement intérieur métallique, grâce auquel le nettoyage est plus facile : nous lui avons proposé une mention honorable.

Enfin, toute une travée de notre salle était occupée par une véritable invasion de biberons de toutes formes et de tous les systèmes. Malheureusement les constructeurs de ces appareils, très désireux de faire du neuf, se sont beaucoup moins préoccupés de faire simple : or, la première qualité que doit remplir un biberon étant de pouvoir être fréquemment, facilement et complètement lavé à l'eau chaude, tous les dispositifs complexes doivent être écartés; tubes intérieurs, ajutages divers plus ou moins complexes, thermomètres, systèmes de fermeture présentant des bouchons perforés, des vis, toutes ces soi-disant améliorations doivent être absolument rejetées, comme incompatibles avec la principale condition que doit remplir un biberon, le démontage instantané et le nettoyage facile.

Aussi la seule variété de biberon auquel nous ayons décerné une médaille de bronze a été la plus simple, celle de MM. Brédeville et Paturel, composée uniquement d'une carafe à large goulot sur lequel se fixe une tétine très souple, qui peut aisément se retourner comme un doigt de gant pour le lavage. Ce biberon, absolument élémentaire, est d'un prix très modique, et la simplicité de sa construction fait qu'on n'est pas exposé à le casser en le nettoyant.

Nous avons accordé des diplômes de mention honorable aux maisons Lelièvre, de Caen; Delacroix-Proust et Robert, qui nous ont présenté des appareils méritant également d'être encouragés, bien qu'ils fussent d'une construction moins simple.

XVIII

PIÈCES ANATOMIQUES ET PATHOLOGIQUES NATURELLES OU ARTIFICIELLES.
CONSERVATION. — DESSINS. — PRÉPARATIONS HISTOLOGIQUES.

Nous avons dû réserver une place à part à cette partie, une des plus intéressantes de notre exposition, car elle n'est comparable à aucune des branches de l'industrie médicale qui la précèdent. Celles-ci prêtent leur concours à la pratique en fournissant au médecin et au chirurgien le matériel instrumental dont il a besoin. Les arts que nous avons à passer en revue, car il s'agit d'arts véritables, sont plutôt les auxiliaires de l'enseignement médical. Au premier rang nous devons placer la reproduction, par le moulage, des dispositions anatomiques normales et des lésions pathologiques, les procédés de conservation des pièces anatomiques, la préparation des os et des squelettes et, en général, de toutes les pièces qui entrent dans la constitution de nos musées.

Deux exposants, dans cette catégorie, se sont acquis des droits incontestables aux premières récompenses par les perfectionnements qu'ils ont apportés à leur art et par les services qu'ils ont rendus à la science.

M. Baretta, qu'à l'unanimité le jury a désigné pour le premier grand prix, est l'auteur du musée dermatologique de l'hôpital Saint-Louis : c'est tout dire, et la notoriété qui s'attache à cette splendide collection nous dispense de toute espèce d'éloges. Depuis près de trente ans, M. Baretta, l'auteur d'un système de moulages en couleurs qui donne l'illusion complète de la réalité, a réuni à l'hôpital Saint-Louis, à l'hôpital de Lourcine et dans un grand nombre d'autres hôpitaux, les modèles non seulement de toutes les affections cutanées communes ou rares, mais des lésions affectant des organes divers, lésions accessibles à la vue et dont le diagnostic est, en quelque sorte, livré dès l'abord par l'inspection directe, par la simple vue de la région malade. Ces modèles, au nombre de plus de 3,000, constituent ce musée de l'hôpital Saint-Louis que l'on vient visiter de toutes les contrées du monde.

Ils permettent de présenter aux élèves le tableau en quelque sorte vivant, **pris sur** le malade, des maladies dont on leur décrit le caractère, de leur en **montrer** les moindres détails.

Ils donnent également le moyen de conserver le souvenir précis de certaines affections rares et qu'on ne rencontre qu'à de longs intervalles, ou de fixer, à un moment donné de l'évolution d'une affection pathologique, l'état des lésions, pour le faire servir de terme de comparaison à une époque plus avancée de la même maladie ou après sa guérison.

L'exactitude de ces reproductions, et par conséquent la valeur scientifique de cette collection, est due au coup d'œil sûr de l'artiste, dirigé sans doute par les indications des médecins sous le patronage desquels s'est accomplie cette grande œuvre, à l'habileté surprenante d'exécution dont il a fait preuve et aux perfectionnements dont on peut suivre la progression de ses premières œuvres à ses dernières. Il ne nous reste qu'un vœu à émettre, c'est que M. Baretta forme des élèves dignes de lui et qui, continuateurs de sa méthode, puissent l'amener encore à un plus haut degré de perfection et en multiplier les produits.

L'autre grand prix a été donné à l'unanimité à M. TRAMOND, le successeur de M. Vasseur. M. Tramond, lui aussi, est un artiste, un inventeur, dont l'œuvre, très étendue, a porté sur un grand nombre de branches. La plus importante, peut-être, est la préparation des squelettes et des os que M. Tramond a poussée à une perfection jusqu'alors inconnue; ses squelettes désarticulés de vertébrés divers sont une véritable merveille et l'on ne saurait assez admirer la délicatesse avec laquelle sont conservées dans leur intégrité les moindres aspérités des os les plus ténus et les plus fragiles. M. Tramond a du reste imaginé plusieurs dispositifs ingénieux pour permettre l'étude de l'ostéologie et pour pouvoir sans inconvénients mettre aux mains des élèves des os qu'ils puissent examiner en tous sens; les os de la tête peints en plusieurs couleurs montés sur des axes métalliques qu'un bouton mis à la portée de l'observateur fait tourner dans la cloche en cristal dont ils sont recouverts, les chevalets auxquels les différentes pièces du squelette sont fixées par des chaînettes, à l'École pratique, sont des créations de cet ordre.

Comme autres pièces d'étude, signalons ses bassins, en composition molle, qui permettent au professeur d'obstétrique de leur imprimer à volonté et instantanément toutes les déviations et toutes les viciations qu'il décrit dans son cours; la collection de moulages de bassins viciés; puis la belle série de pièces pour l'étude de l'embryologie, et spécialement une série de 27 préparations, représentant les transformations de l'œuf jusqu'à l'éclosion du poulet. La conservation des pièces naturelles, la reproduction par le moulage de toutes les préparations d'anatomie normale et pathologique et des maladies sont également une des branches les plus importantes de la fabrication de M. Tramond : toutes les pièces de cet ordre se font remarquer par leur exécution sobre et consciencieuse et par la fidélité d'exécution des moindres détails; citons à cet égard les préparations figurant les divers territoires du système nerveux central et périphérique et principalement celles qui reproduisent les nerfs crâniens; mentionnons, comme appareil destiné à faciliter l'étude du système nerveux central, la représentation schématique, à un grossissement énorme, d'une série de coupes de la moelle allongée et de la moelle épinière, sur lesquelles on peut suivre la répartition des divers ordres de faisceaux qui entrent dans la constitution du névraxe et leurs rapports avec la substance grise.

Nous n'en finirions pas si nous voulions mentionner tout ce que cette exposition renferme d'intéressant et d'utile; qu'il nous soit permis, comme nous l'avons fait pour M. Baretta, après avoir insisté sur les qualités de l'œuvre, d'indiquer discrètement les mérites de son auteur. Depuis plus de vingt ans M. Tramond est le collaborateur le plus assidu de tous les anatomistes; il a pris une part importante à la préparation, au montage, à la conservation des pièces qui enrichissent le musée Orfila et le musée Dupuytren, et si je ne me faisais scrupule de livrer à la publicité des documents tirés de ma correspondance particulière, je pourrais citer les termes flatteurs dans lesquels l'éminent professeur Sappey appelait l'attention du jury de la classe 14 sur les services que M. Tramond avait rendus à la Faculté de médecine et à l'enseignement de l'anatomie en particulier. Je pourrais ajouter encore que M. Tramond a pris une part active aux travaux de notre comité d'installation, et qu'en 1878 déjà, il avait assumé et mené à bonne fin la lourde tâche d'en être le trésorier; mais je m'arrête ici de peur de blesser sa modestie, qui n'a d'égal que son dévouement aux intérêts scientifiques.

Nous avons décerné une médaille d'or à l'anatomie clastique du docteur Auzoux, continuée par Mᵐᵉ veuve Auzoux et par M. Montaudox, son parent et son mandataire. L'anatomie clastique et l'œuvre du docteur Auzoux sont trop connues pour qu'il soit nécessaire d'en faire valoir le mérite; les successeurs de ce savant mettent tous leurs soins à y apporter les modifications que commandent de faire les découvertes modernes et à enrichir la collection de nouvelles préparations : nous insistons seulement sur les deux dernières de celles qu'ils exposent.

Une préparation toute nouvelle de l'isthme de l'encéphale est établie dans de grandes proportions d'après les travaux les plus récents des professeurs Sappey, Charcot, Mathias Duval, en France, Huguenin et Meynert, à l'étranger : elle est formée de couches superposées, s'enlevant une à une et complétée par des coupes horizontales. Cette double disposition permet de suivre le trajet des cordons de la moelle épinière à travers le bulbe, la protubérance, les pédoncules cérébraux et jusque dans le cerveau, de suivre également la substance grise de la moelle jusqu'à son épanouissement au plancher du quatrième ventricule; elle montre l'origine réelle des nerfs crâniens qui y prennent naissance, les parties surajoutées au bulbe, les pédoncules cérébelleux.

Le péritoine est représenté dans la cavité abdominale de la femme. La préparation montre les rapports de la séreuse avec tous les organes abdominaux, fait voir les ligaments du foie, l'hiatus de Winslow, les épiploons avec tous les replis qui en dépendent et les cavités que ces replis limitent, spécialement l'arrière-cavité dont elle fait bien comprendre la constitution; elle indique les rapports de la séreuse avec le duodénum, avec le côlon, l'intestin, montre les mésocôlons et le mésentère; enfin l'on peut suivre le trajet du péritoine dans la cavité pelvienne et la manière dont il se comporte à l'égard des organes importants qui y sont contenus.

Ainsi, après avoir reproduit d'abord les organes les plus faciles à figurer du corps humain et les avoir suivis dans la série animale, l'anatomie clastique est parvenue à représenter les dispositions les plus complexes et à les rendre intelligibles même pour les profanes par un simple coup d'œil : par les progrès qu'ils ont réalisés de la sorte et les perfectionnements qu'ils ont introduits dans leur art, les successeurs de M. Auzoux ont certainement rendu à l'enseignement anatomique de réels services.

Nous avons proposé pour une médaille d'or également M. le professeur G. Laskowski (de Genève), pour sa méthode de conservation de pièces anatomiques. Il y a vingt-deux ans, quand ce savant annonça qu'il avait trouvé le moyen de conserver indéfiniment aux préparations anatomiques leur consistance et leur aspect, voire leur coloration, en les préservant de toute décomposition, son affirmation fut accueillie avec plus d'incrédulité encore que d'intérêt : néanmoins les pièces disséquées, déposées à l'Exposition de 1867, puis au musée anatomique de la Faculté de médecine, attirèrent dès l'abord l'attention, et l'on vit qu'il y avait dans sa méthode un principe nouveau d'où pourraient sortir des résultats inattendus. Ces pièces déposées en 1867 sont aujourd'hui au musée Orfila presque en l'état où elles se trouvaient alors, et la méthode de conservation de M. Laskowski, plus ou moins modifiée pour des raisons d'économie, a remplacé les procédés informes d'injection à l'hyposulfite de soude ou à l'acide arsénieux qui étaient auparavant en usage. Cette vérification, cette confirmation donnée par le temps et par l'expérience aux recherches de M. Laskowski, nous ont paru valoir largement une médaille d'or. Nous avons été heureux de l'offrir à un des représentants de la Faculté de médecine de Genève qui fut, nous ne saurions l'oublier, professeur libre à l'école pratique de la Faculté de médecine de Paris et qui nous avait déjà donné des preuves de sa sympathie et de son dévouement pendant la douloureuse période de 1870-1871.

Nous avons conservé une médaille d'argent à M. Talrich, malgré les ennuis que nous a donnés son exposition, plus digne de figurer au *Cabinet des horreurs* de quelque baraque foraine que dans la classe de médecine et de chirurgie de l'Exposition universelle de 1889.

Une autre médaille d'argent nous a paru méritée par l'œuvre de M. Karmanski. Celui-ci a poussé à un degré de perfection que personne n'a jusqu'à présent atteint en France et à l'étranger l'iconographie médicale et tout particulièrement le dessin histologique.

Un certain nombre de médailles de bronze ont été attribuées :

1° A M. le docteur Armand Paulier, pour un système de durcissement ou de dissociation des éléments nerveux qui permet d'en faire varier à volonté la consistance pour la dissection, la conservation des pièces, le moulage des diverses préparations du cerveau; le procédé dont il expose les résultats rend les faisceaux nerveux visibles, faciles à isoler et à suivre, et pourra, nous l'espérons, être d'un emploi fructueux dans les recherches anatomiques portant sur le système nerveux central;

2° A la maison Bourgogne, pour ses collections de préparations microscopiques destinées à l'étude et à la démonstration; les préparations comprennent toute l'histologie humaine et comparée, normale et pathologique, la botanique, la physiologie végétale, enfin la bactériologie;

3° A M. Meheux, dessinateur, pour ses dessins d'anatomie, d'anatomie pathologique, d'histologie, pour ses aquarelles destinées à être reproduites par la chromolithographie dans des publications diverses;

4° A M. Delattre (Belgique), pour une tête humaine préparée pour l'étude anatomique et la démonstration, tête d'un modèle à peu près semblable à ceux d'Auzoux, mais qui n'est pas, comme eux, démontable.

Deux mentions honorables ont été données à M. Buchi, de Berne (Suisse), pour une sorte de phantome, schéma assez ingénieux représentant la distribution des faisceaux nerveux dans l'encéphale, et à M. Perdrizet, dessinateur, qui exposait des aquarelles et des dessins à la plume figurant des pièces d'anatomie et d'histologie pathologiques.

Et maintenant qu'arrivant au terme de cette longue énumération, je cherche l'impression qui se dégage de cette exposition des arts et des industries qui gravitent autour des sciences médicales, je ne puis que me faire l'interprète du sentiment qu'a éprouvé le jury de la classe 14 en constatant l'étendue des progrès accomplis dans cet ordre de choses depuis l'Exposition de 1878.

Notre fabrication, jadis tributaire des pays étrangers pour un grand nombre de ces branches de l'industrie afférente à la médecine, s'en est affranchie et est devenue presque complètement indépendante.

Nos articles de caoutchouc et de gomme peuvent rivaliser avec les meilleurs de ceux qui nous viennent de l'étranger; les tissus et produits antiseptiques que nous consommons nous viennent exclusivement de fabriques françaises; il n'y a pas jusqu'aux fournitures pour dentistes, depuis les dents artificielles jusqu'aux fauteuils et aux instruments servant aux opérations dentaires, que notre industrie nationale ne livre dans des conditions au moins égales à celles où nous allions naguère encore les chercher en Amérique.

Et pendant que nous regagnons sur ce terrain l'avance que nous avions laissé prendre aux autres, nous avons conservé, nous avons même vu s'affirmer davantage la supériorité que notre pays a toujours présentée sur les autres, au point de vue de la fabrication des instruments de chirurgie, de même que dans la préparation des pièces d'anatomie naturelles ou artificielles, et de ces représentations artistiques qui semblent l'image vivante des lésions qu'elles représentent.

Qu'il nous soit permis de le dire avec un légitime orgueil : la science française, que ses envieux ont voulu représenter comme suivant d'un pas boiteux les découvertes étrangères, n'a jamais cessé de se tenir à la tête du progrès, entraînant dans sa marche en avant toutes les branches de la production nationale qui concourent à son évolution.

Nous ne saurions trop exprimer la satisfaction avec laquelle nous avons applaudi aux efforts qui ont été faits dans ce sens par les représentants de notre industrie, efforts dont les effets ont dépassé notre attente.

Aussi dans ce Palais des arts libéraux, où la science associée à l'art et à l'industrie avait accumulé tant de merveilles, la médecine et la chirurgie françaises ont-elles pu tenir dignement la place qui leur avait été assignée. Pour nous, à qui était dévolue la tâche délicate et parfois difficile de rechercher ceux dont le mérite avait surtout contribué à assurer ce résultat, nous avons été amplement dédommagés de nos peines par la constatation même des progrès réalisés par ceux que nous avions à juger.

[illegible] [illegible] [illegible]

[illegible] [illegible] [illegible]

TABLE DES MATIÈRES.